Editorial

AF216701

Liebe Leserinnen und Leser

Sehr viel Geld verdienen. In kurzer Zeit. Und es dann in Urlauben ausgeben. In Dubai. Das ist dem Patienten wichtig. Seinem Psychotherapeuten, der sich eher um den Klimawandel sorgt und nicht gern „Shopping macht", ist das fremd. „Wenn ich als Behandler komplett andere Werte habe als der Klient, ist das eine Herausforderung", sagt Psychotherapeut und Supervisor Andreas Knuf. „Ich kann ja nicht mit Verachtung auf das reagieren, was dem Patienten etwas bedeutet. Und es bringt auch nichts, wenn ich mir auf die Zunge beiße, nichts sage, mich aber innerlich aufrege – denn ich brauche ja eine empathische Grundhaltung dem Klienten gegenüber."

Ich spreche mit Andreas Knuf darüber, wie wichtig es ist, sich selbst zu kennen, um andere Menschen besser zu verstehen. Wie gehe ich mit einem Konflikt wie dem beschriebenen denn am besten um? „Erst einmal muss ich wahrnehmen: Ich bin gereizt. Und dieses Gefühl kann ich dann erforschen. Warum bin ich gereizt? Widersprechen diese Dubai-Urlaube meinen Werten? Oder bin ich vielleicht nur neidisch und möchte eigentlich selbst mal dorthin fliegen? Ich sollte ehrlich hingucken."

Vieles könne man selbst entschlüsseln, sagt der Therapeut. Die Herausforderung sei aber, ein feines Sensorium für die eigenen Gefühle zu entwickeln. Denn im besten Fall nimmt man die Emotion in dem Moment wahr, in dem sie leise anrollt, und nicht erst, wenn sie als große Wutwelle über einen hereinbricht. Also zum Beispiel im Büro vor dem Gespräch mit dem angeblich so nervigen Kollegen. Und nicht abends, wenn sich der ganze Tag nur noch anfühlt wie ein Paket aus Druck und Stress und der Griff zur Weinflasche wirkt wie eine gute Idee.

Wer weiß, was ihn schmerzt und was ihn triggert, wer seine Stärken kennt und seine Grenzen, der projiziert nicht die eigenen Gefühle auf andere. Und der kann durchs Leben gehen mit einem feineren Gehör für die Vielfalt menschlicher Erfahrungen und Emotionen.

Eine weitere Hürde, die verhindert, dass wir andere Menschen besser verstehen, ist der Impuls, dem Gegenüber zu helfen. „Gefühle sind hochgradig ansteckend", erklärt Andreas Knuf. „Wenn ein Freund mir von einem schmerzhaften Gefühl berichtet, dann empfinde ich das auch. Und damit diese unangenehme Emotion schnell weggeht, gebe ich einen guten Ratschlag, habe ich einen Tipp." Der Klassiker: „Zwei Menschen reden miteinander. Der eine hört drei Schlagworte, die bei ihm andocken, und dann geht es los: Ja, das kenne ich! Und dann wird die eigene Geschichte ausgebreitet. Und würden beide genau hinspüren, würden sie sagen: Das ist nicht das Gleiche. Das ist ganz anders."

Das gesamte Interview mit Andreas Knuf – über blinde Flecken und Achtsamkeit nach außen und innen – lesen Sie online unter psychologie-heute.de/leben. In unserer Titelgeschichte ab Seite 12 erzählen fünf weitere Psychologinnen und Psychologen, was uns dabei hilft, andere Menschen besser zu begreifen – wie wir zum Beispiel Widersprüche aufdecken oder unterschiedliche Blickwinkel einnehmen. Eine gute Lektüre und vielfältige Erkenntnisse wünscht Ihnen

Dorothea Siegle, Chefredakteurin

Impressum

REDAKTIONSANSCHRIFT Werderstraße 10, 69469 Weinheim
Postfach 10 01 54, 69441 Weinheim, Telefon 0 62 01/ 60 07-0
Fax 0 62 01/60 07-382 (Redaktion), Fax 0 62 01/60 07-310 (Verlag)
redaktion@psychologie-heute.de
PSYCHOLOGIE-HEUTE.DE

HERAUSGEBER UND VERLAG
Julius Beltz GmbH & Co. KG, Weinheim
Geschäftsführerin der Beltz GmbH: Marianne Rübelmann

CHEFREDAKTION Dorothea Siegle
REDAKTION Susanne Ackermann, Katrin Brenner, Anke Bruder,
Henning Jansen, Anne Kratzer, Thomas Saum-Aldehoff, Eva-Maria Träger
MITARBEIT Jana Hauschild (Textredaktion), Dr. Annette Schäfer (Korrespondentin USA),
Mathias Zabeck (Schlussredaktion)
HERSTELLUNG UND LAYOUT Eva Fischer, Gisela Jetter, Johannes Kranz
REDAKTIONSASSISTENZ Nicole Coombe, Kerstin Panter

ANZEIGEN Claudia Klinger
Postfach 10 01 54, 69441 Weinheim, Telefon 0 62 01/ 60 07-386
Anzeigenschluss: 7 Wochen vor Erscheinungstermin

GESAMTHERSTELLUNG Druckhaus Kaufmann, 77933 Lahr

VERTRIEB ZEITSCHRIFTENHANDEL DMV Der Medienvertrieb GmbH & Co. KG,
Meßberg 1, 20086 Hamburg, Telefon 0 40/30 19 18 00

Copyright: Alle Rechte vorbehalten, Copyright © Beltz Verlag, Weinheim. Alle Rechte für
den deutschsprachigen Raum bei Psychologie Heute. Nachdruck, auch auszugsweise, nur mit
schriftlicher Genehmigung der Redaktion. Nachdruck, Aufnahme in Onlinedienste und Internet
sowie Vervielfältigung auf Datenträger wie CD-ROM, DVD-ROM etc. nur nach vorheriger
schriftlicher Genehmigung der Redaktion. Namentlich gekennzeichnete Beiträge geben nicht
in jedem Fall die Meinung der Redaktion wieder. Für unverlangt eingesandtes Material übernimmt die Redaktion keine Gewähr.
Die in dieser Zeitschrift veröffentlichten Beiträge sind urheberrechtlich geschützt. Übersetzung,
Nachdruck – auch von Abbildungen –, Vervielfältigungen auf fotomechanischem oder
ähnlichem Wege oder im Magnettonverfahren, Vortrag, Funk- und Fernsehsendung sowie
Speicherung in Datenverarbeitungsanlagen – auch auszugsweise – bleiben vorbehalten.

FRAGEN ZU ABONNEMENT UND EINZELHEFTBESTELLUNG
Beltz Kundenservice, Postfach 10 05 65, 69445 Weinheim, Telefon: 06201/6007-330
medienservice@beltz.de | psychologie-heute.de

Studentenabos (Vollzeitstudium) gegen Vorlage der Studienbescheinigung
(per Fax, E-Mail-Anhang oder per Post)
Einzelheftpreis: € 7,90 (Schweiz: SFr. 11,50).
Abonnementpreise: Jahres-/Geschenkabo: Deutschland € 81,90, Österreich, Schweiz
€ 83,90 (jeweils inkl. Versand); alle anderen Länder € 73,90 zzgl. Porto (auf Anfrage).
Jahres-/Geschenkabo plus: Deutschland € 104,90, Österreich, Schweiz € 106,90
(jeweils inkl. Versand); alle anderen Länder € 96,90 zzgl. Porto (auf Anfrage).
Studentenjahresabo: Deutschland € 69,90, Österreich, Schweiz € 71,90 (jeweils inkl.
Versand); alle anderen Länder € 61,90 zzgl. Porto (auf Anfrage). **Studentenabo plus:**
Deutschland € 90,90, Österreich, Schweiz € 92,90 (jeweils inkl. Versand); alle anderen
Länder: € 82,90 zzgl. Porto (auf Anfrage). **Kennenlernabo:** EU-Länder, Schweiz € 16,–;
andere Länder auf Anfrage. **Kennenlernabo plus:** EU-Länder, Schweiz € 22,90; andere
Länder auf Anfrage. Die Berechnung in die Schweiz erfolgt in SFr. zum tagesaktuellen
Umrechnungskurs. Nähere Infos unter psychologie-heute.de
Psychologie Heute kann im Abonnement oder als Einzelheft beim Buchhandel oder
direkt beim Verlag bestellt werden. Zahlungen bitte erst nach Erhalt der Rechnung.
Das Abonnement ist nach der Laufzeit von 6 Monaten jederzeit kündbar. Zu viel bezahlte
Beträge erhalten Sie zurück. Erfolgt keine Abbestellung, verlängert sich das Abonnement
automatisch um ein weiteres Jahr. Psychologie Heute kann aus technischen Gründen nicht
in den Urlaub nachgeschickt werden.
Der Abauflage Inland liegt eine Beilage der Walbusch Walter Busch GmbH u. Co KG in
Solingen und der Verlagsgruppe Beltz in Weinheim bei. Einem Teil der Kioskauflage liegt ei-
ne Beilage der Walbusch Walter Busch GmbH u.Co KG in Solingen bei. Wir bitten unsere
Leser um freundliche Beachtung.

BILDQUELLEN Titel: Alexey Kuzma/Stocksy. S. 3: Andreas Reeg. S. 4 oben: Carolina Frank. S.
4 Mitte: Studioline Photography. S. 4 unten: Fotostudio Fischer Weinheim. S. 5 links, 12, 13,
15, 17, 19, 21, 23, 25: Francesco Ciccolella. S. 5 oben rechts, 68, 69, 70, 71: Shenja Tatschke. S.
5 Mitte rechts, 74, 75: Simon Prades. S. 6: Andreas Reeg. S. 7 oben: PUTPUT, Covered Object
2018. S. 7 unten: Benedikt Rugar. S. 8: Bene Rohlmann. S. 9 links, Mitte und rechts: Luchioly/
Getty Images. S. 9: Mitte und rechts: Yuliya Derbisha/Getty Images. S. 10 oben: Lea Brousse.
S. 10 unten: Jan Rieckhoff. S. 11 oben: Apic/Hulton Archive/Getty Images. S. 11 Mitte:
Bettmann/Getty Images. S. 11 unten: privat. S. 16: privat. S. 18: Thomas Willemsen. S. 20:
privat. S. 22: privat. S. 24: privat. S. 26, 27, 29: Paul Koncewicz. S. 28: privat. S. 32: Michel
Streich. S. 33: Sabine Hillbrand. S. 35: Lucille Clerc. S. 38, 39, 41: Marianna Gefen. S. 44: Till
Hafenbrak. S. 47: privat. S. 52: Henrik Sorensen/Getty Images. S. 53 links oben: DEEPOL by
plainpicture. S. 53 Mitte unten: Kari Lehr/Getty Images. S. 54 links unten: CSA Images/
Getty Images. S. 54 Mitte oben: JakeOlimb/Getty Images. S. 55 links: plainpicture/André
Eikmeyer. S. 55 rechts: privat. S. 56 oben links: Calvindexter/Getty Images. S. 56 rechts un-
ten: PixelClown/photocase.de. S. 57: Samuil_Levich/Getty Images. S. 58, 59, 62, 64, 65:
Joachim Gern. S. 72: plainpicture/Ralf Wilken. S. 73: Hochschule Harz. S. 74, 75: Simon
Prades. S. 80: Elke Ehninger. S. 81: © Franziska Hauser. S. 84: plainpicture/miep. S. 89 oben:
Jan Rieckhoff. S. 92 links oben: RBB/©Berlin Producers Media. S. 92 rechts oben: Dina
Rautenberg. S. 92 Mitte: DAV. S. 105: plainpicture/Emma Grann. S. 106 oben: Andrea
Ventura. S. 106 unten: privat.

ISSN 0340-1677

Wenn eine Zeichnung etwas auf den Punkt bringen
soll, ist es für einen Illustrator essenziell, die Be-
trachterinnen und Betrachter zu verstehen, findet
Francesco Ciccolella. Für unsere Titelgeschichte
Menschen verstehen wie die Profis hat er eine Serie
an Illustrationen kreiert und dabei sicher den einen
oder anderen neuen Trick gelernt **Seite 12**

Autorin **Susanne Donner** fiel es leicht, sich für das
Thema der traumatischen Geburtserfahrungen einnehmen zu lassen. Sie konnte die teils drastischen
Schilderungen ihrer Interviewpartnerinnen gut
nachfühlen, nachdem sie selbst auf eine ungeplante
Hausgeburt zurückblickt. Diese verlief allerdings
rasant, mit wunderbarem Ausgang und ist im Nachgang eine herausragend positive und ermutigende
Erfahrung **Seite 38**

Grafikerin **Eva Fischer** findet es immer wieder spannend, wie sich ein Artikel im Prozess der Gestaltung
entwickelt: von den ersten Layouts über die Auswahl
von Illustrationen oder Fotos – am Ende ergeben
Text und Bild zusammen mehr als die Summe der
beiden Teile. Besonders eingetaucht ist sie in dieser
Ausgabe in die Reise des Helden in unserem Artikel
Das Abenteuer zum Ich **Seite 74**

Inhalt

Nackt kochen, nackt wandern, nackt Yoga: Für manche ist das die blanke Freude *Seite 68*

Die Heldenreise: Ein archaisches Erzählmuster liefert die Blaupause für Blockbuster – und Inspiration für das eigene Leben *Seite 74*

Die Mitmenschen besser verstehen, das geht nicht per Kochrezept. Fünf Psychologen erklären, auf welche Haltung es ankommt *Seite 12*

Freud & Leid

Nicht mehr allein und nicht im Heim: Brigitte Mladenovski wohnt seit drei Jahren in einer Senioren-WG

Keine Angst vor ... Hilflosigkeit im Alter

Brigitte Mladenovski erzählt: Ich bin so froh, dass ich an diesem Ort bin. Allein wohnen – das ging nicht mehr nach meiner Herz-OP und mit dem Diabetes. Ich hatte Angst, dass keiner da ist, wenn ich einen Notfall habe. Einmal habe ich nachts keine Luft mehr bekommen. Jetzt sterb ich, hab ich gedacht. Zum Glück konnte ich noch auf meinen Pieper neben dem Bett drücken und die Malteser kamen sehr schnell.

Mein Arzt sagte, ich solle lieber nicht mehr allein leben, und auch mir wurde langsam klar, dass das nicht mehr ging. Ich mochte meine Wohnung nicht besonders, weil sie im dritten Stock lag und nebenan ein Alkoholiker wohnte. Aber wer zieht schon gern weg von daheim?

Ein Seniorenheim kam für mich nicht infrage. Ich war da mal für viereinhalb Monate nach einer Herz-OP. Demenzkranke haben meine Schränke durchwühlt, manche sind sogar nachts in mein Zimmer gekommen. Das war nicht zum Aushalten und so bin ich zurück in meine Wohnung gezogen. Bei einem Pflegestützpunkt habe ich dann von Senioren-WGs erfahren. In so einem kleinen WG-Zimmer bekomme ich Platzangst, habe ich gedacht. Aber dann war doch ein größeres frei und ich habe zugesagt.

Es war komisch, plötzlich mit sieben anderen Leuten den Tag zu verbringen. Ich habe ja lange allein gelebt. Aber bei *Mensch ärgere Dich nicht* oder *Alles was zählt* geht die Zeit schnell rum. Außerdem kann ich jederzeit in mein Zimmer gehen und abschließen. Die Angst, dass ich mal einen Notfall habe, ist noch da, aber hier ist immer ein Pflegedienst vor Ort. Ein sehr beruhigendes Gefühl.

Protokoll: Gabriele Meister

Foto: Andreas Reeg für Psychologie Heute

Kulturkur

Was lesen, wenn Montag ist?

Der talentierte Mr. Ripley von Patricia Highsmith. Der Roman bringt einem das Täuschen bei. Mal ehrlich: Am Montagmorgen ist man in der Arbeit überfordert. Man hat sich gerade an die freien Tage gewöhnt, an Gemütlichkeit und Müßiggang, und mit einem Mal wird es hektisch und man soll tun, als habe man die Lage im Griff. Man muss also tricksen. Tom Ripley lehrt einen, wie. Der mittellose Amerikaner betrügt sich kühn und virtuos in wohlhabende Kreise hinein. Um einen Mord zu vertuschen, schlüpft er in die Rolle seines Opfers. Er schüttelt „Tom Ripleys schüchternen, leicht verängstigten Gesichtsausdruck" ab und übernimmt die selbstbewusste Haltung des Mannes, den er getötet hat. Er trägt dessen Hemden, kopiert seine Unterschrift, verschmilzt immer mehr mit dieser Figur: „Seine Geschichten waren gut, weil er sie sich intensiv vergegenwärtigte, so intensiv, dass er sie fast selbst glaubte." Dabei hilft, dass er den Menschen, den er nachmacht, beneidet. Und geht es uns nicht ähnlich? Will man nicht auch selbst die souveräne Person sein, die am Montag schwungvoll über den Flur schreitet, die ohne mit der Wimper zu zucken das E-Mail-Postfach öffnet? Um zu werden, wer man sein will, hilft es, diese Rolle zu spielen. Außerdem bleibt gar keine andere Möglichkeit: Tom Ripley nicht, weil er vor der Polizei flieht. Und uns nicht, weil immer wieder Montag ist.

An dieser Stelle beschreibt Redakteurin Anne Kratzer, welche Filme und Bücher gegen die Miseren des Alltags helfen

---

Gefühlswelt

Eros

Eros – bei dem Wort denkt man an, sagen wir mal: leidenschaftliches Verlangen. Der britische Psychologe Tim Lomas übersetzt das altgriechische Wort *érōs* aber viel züchtiger mit „Wertschätzung von Dingen, die einem am Herzen liegen". Eros als Sexmetapher sei eine eher moderne Erfindung. Ursprünglich sei der Begriff assoziiert mit Wahrheit, Schönheit, Güte: eine ästhetische Dimension und treibende Kraft menschlicher Kreativität. Gegenstand des Eros kann in diesem Sinne auch ein Kunstwerk, ein Musikstück, ein eleganter Gedanke sein.

Quelle: *The Happiness Dictionary* von Tim Lomas

Hörensagen

Nach Corona

Wie wird sich das Leben nach Corona anfühlen? „Unbehaglich", meint Lynn Bufka von der *American Psychological Association*. In einer Umfrage sagte tatsächlich selbst bei Geimpften fast jede zweite Person, ihr sei nicht ganz wohl bei dem Gedanken an physische Kontakte in der „Zeit danach". Bufka schätzt, dass sich „die Welt um uns noch eine ganze Zeitlang anders anfühlen wird". Unsere Lebensgewohnheiten haben sich in der Krise massiv verändert, die Normalität muss neu abgesteckt werden. „Ich glaube nicht, dass die Dinge wieder genauso sein werden wie vor der Pandemie", vermutet Bufkas Kollegin Vaile Wright.

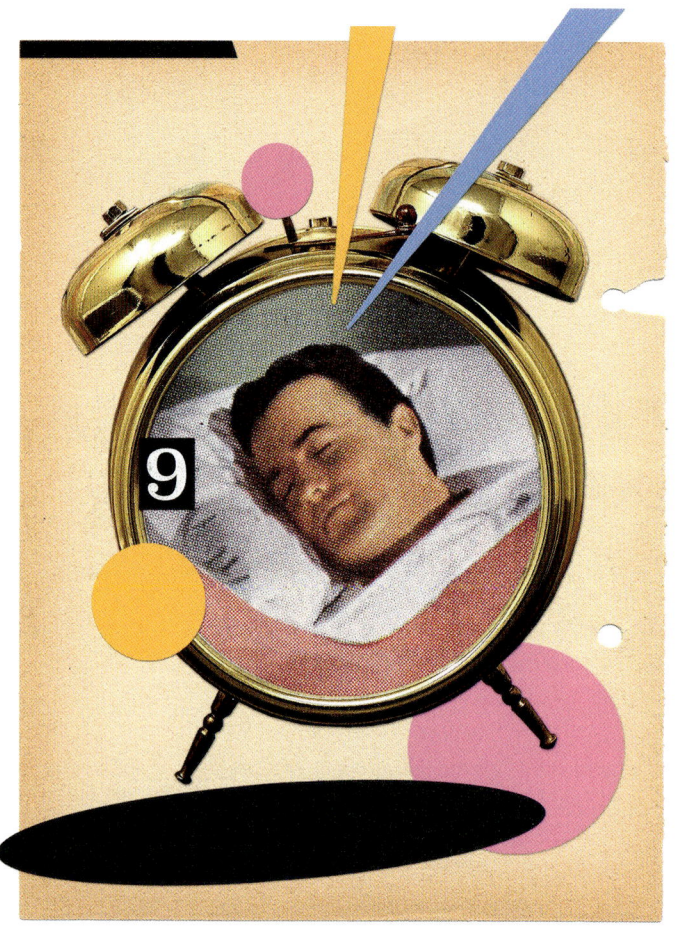

2014 Hiroki Ikeda stellt fest, dass Selbstwecker am Folgetag wacher sind als Fremdgeweckte

2012 Sayaka Aritake beobachtet einen Anstieg des Traumschlafs vor dem Selbstwecken

1997 William Moorcroft bestätigt bei 15 Talentierten das Selbstwecken per Bewegungssensor

1954 Günter Clauser misst die Präzision der Kopfuhr

1933 Omwake und Loranz testen bei 20 Schülerinnen das Selbstwecken. Erfolg: mäßig

1927 W. Winslaw Hall weckt sich 100 Nächte lang selbst. 53-mal gelingt es ihm gut

1954

Günter Clauser misst die Präzision der „Kopfuhr". Können Sie Ihr eigener Wecker sein? Können Sie steuern, wann Sie wach werden möchten? Anfang der 1950er Jahre wollte der Freiburger Mediziner Günter Clauser genau das von 1080 befragten Personen wissen. Sage und schreibe 70 Prozent antworteten mit einem uneingeschränkten Ja. Doch war ihrer optimistischen Einschätzung zu trauen?

Clauser überprüfte das in einem Experiment. 52 Befragte, die sich als besonders präzise Selbstwecktalente bezeichnet hatten, sollten diese Gabe in drei Versuchsnächten unter Beweis stellen. Per Zufall wurde ihnen ein Zeitpunkt nach mindestens drei Stunden Schlaf zugeteilt, zu dem sie ohne äußere Hilfsmittel wach werden sollten. Tatsächlich erwiesen sich die Testschläferinnen und -schläfer als ausgesprochen präzise: Sie erwachten – laut eigenem Protokoll – durchschnittlich fünf bis zehn Minuten vor dem anvisierten Zeitpunkt. Die extremsten Abweichungen lagen bei nur zwanzig Minuten vor und zehn Minuten nach der Zielzeit. Clauser schloss daraus, dass Menschen über einen inneren Chronometer samt

Weckvorrichtung verfügen müssen. *Kopfuhr* taufte er diesen Mechanismus in seinem 1954 erschienenen Buch.

Vor allem biologische Studien haben seither bestätigt, dass es nicht nur eine, sondern eine ganze Reihe innerer Uhren beim Menschen und überhaupt allen Lebewesen gibt. Spätere Schlaflaborexperimente zeigten allerdings, dass der Selbstweckmechanismus weniger präzise zu sein scheint, als Clausers Versuch glauben machte. Doch offenbar gibt es Naturtalente, bei denen das Selbstwecken zuverlässig klappt. Laut einer japanischen Studie sind das oft Menschen mit einem regelmäßigen Schlaf-wach-Rhythmus, die abends relativ früh zu Bett gehen.

Und wie „programmiert" man seinen inneren Wecker? Manche von Clausers Versuchspersonen stellten sich intensiv die Zeigerstellung der Uhr zur gewünschten Weckzeit vor. Andere führten sich eine ganze Szenerie vor Augen: wie sie genau zur gewünschten Zeit aus dem Schlaf fahren, wie sie aufstehen und duschen und was sie dann als Nächstes tun würden. *Thomas Saum-Aldehoff*

Übungsplatz: Das innere Team

Eine Übung, um psychische Konflikte zu verstehen

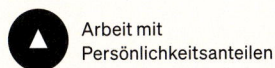 Arbeit mit Persönlichkeitsanteilen

 circa 20 Minuten

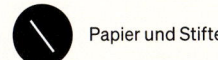 Papier und Stifte

Vor großen Entscheidungen, aber auch im Alltag plagen uns immer wieder innere Konflikte. Diese Übung ist nützlich, um zu begreifen, was dabei in uns vorgeht – und um uns zu ordnen

1

Wir tragen verschiedene Bedürfnisse in uns, die sich manchmal stark widersprechen. Das geschieht oft unbewusst und wir spüren nur ein Durcheinander. Um klarer zu sehen, hilft es, sie auf einem Blatt Papier zu skizzieren

2

Stellen Sie sich die Situation vor, die Sie gerade belastet, beispielsweise die Frage, ob Sie den Konflikt mit dem Partner oder der Partnerin ansprechen sollen

3

Hören Sie auf die erste innere Stimme, die Sie dazu spüren. Stellen Sie sich diese als Person oder Figur vor und geben Sie ihr einen Namen. Sie könnte beispielsweise der Empörte sein, der sich ungerecht behandelt fühlt. Achten Sie auf einen wertschätzenden Namen und verständnisvollen Umgang mit der Person – denn sie hat gute Gründe. Was will sie? Ginge es nach ihr: Wie würden Sie handeln? Sie können ihren Leitsatz in eine Sprechblase schreiben

4

Dann achten Sie auf die anderen Figuren in Ihnen. Etwa die Erschöpfte, die keine Kraft für ein anstrengendes Gespräch hat, oder den Aufklärer, der immer Klarheit schaffen will

5

Auf diese Weise skizzieren Sie so viele Personen, wie Sie brauchen. Gerade jene, die Ihnen erst spät einfallen, können wichtig sein. Sie haben sich versteckt – womöglich, weil sie unerwünscht sind

6

Nun betrachten Sie die Figuren als ein Team: Wer hat eine führende Rolle? Wer wurde bisher nicht ausreichend gehört, weil er leise ist?

7

Sie können sich nun eine Chefin ausmalen, die die Interessen der verschiedenen Personen ausgleicht. Sie braucht nicht in jeder Situation alle zu beachten, muss langfristig aber alle hören. Und sie sollte auch die unbeliebten integrieren – denn auch diese gehören zu Ihnen

Quelle: Friedemann Schulz von Thun: Miteinander reden 3: Das „Innere Team" und situationsgerechte Kommunikation. Rowohlt, Reinbek 2013

Ich habe genug. Und meine damit ausnahmsweise nicht Corona und alles, was dazugehört, sondern die falsche Höflichkeit. Ich habe genug von der falschen Höflichkeit, wenn es darum geht, Quatsch zur „anderen Meinung" zu erheben. Die falsche Höflichkeit, die dafür sorgt, dass *Fake News*, „alternative Fakten" und die Inhalte anderer sprachlicher Stilblüten mit argumentativen Samthandschuhen angefasst werden. Frei nach dem Motto, „Andersdenkende" nicht auszuschließen. Ich habe genug davon, weil diese falsch verstandene Rücksichtnahme am Ende des Tages nicht zu einer gerechteren Gesellschaft führt, sondern genau das Gegenteil bewirkt.

Warum? Weil wir uns dann nicht mehr auf das berufen, was uns Menschen von allen anderen Lebewesen auf diesem Planeten unterscheidet. Das, was unsere Vorfahren nicht nur das Feuer, Elektrizität und Röntgenstrahlen hat entdecken lassen, sondern aktuell auch dafür sorgt, dass Menschen überall auf der Welt in einer Rekord-

„Quatsch wird zur Meinung stilisiert." Das stört Maren Urner

Maren Urner ist Neurowissenschaftlerin und Professorin für Medienpsychologie an der Hochschule für Medien, Kommunikation und Wirtschaft in Köln. Sie ist Autorin und Mitautorin mehrerer Bücher

geschwindigkeit erfolgreich Impfstoffe gegen ein neues Virus entwickeln. Es geht um unsere einzigartige Fähigkeit, zu kooperieren und dabei abzuwägen und langfristig aufgrund vorhandenen Wissens zu planen.

Wissen. Genau das ist der entscheidende Begriff, der in Zeiten von „Meinungsdebatten" so gern missverstanden wird, weil das Recht auf eine eigene Meinung mit einem Recht auf eigene Fakten verwechselt wird. Dann nehmen Menschen an, sie könnten „meinen", was ihnen in den Sinn kommt. Die Auswüchse dieses falsch verstandenen Skeptizismus beobachten wir überall.

Da „meinen" dann Menschen, die Erde sei eine Scheibe, der Klimawandel sei nicht menschengemacht und Mund-Nasen-Bedeckungen seien nicht in der Lage, die potenzielle Verbreitung von Viren zu verringern. Da müssen Wissenschaftlerinnen und Wissenschaftler, Journalistinnen und Politiker und andere viel Zeit investieren, um mit einer Art argumentativem Aufräumdienst wieder eine gemeinsame Argumentationsgrundlage zu schaffen. Zeit, die wir nicht haben.

Wie kommen wir da wieder raus? Wir können mit drei Zutaten beginnen:

1. Ignorieren: Jede Wiederholung sorgt in unserem Gehirn für eine stärkere Erinnerung. Darum ist es so wichtig Fake News und Co nicht zu wiederholen und kein Sprachrohr für sie zu sein.

2. Kritisches Denken: Um Missverständnisse über Wissen abzubauen, benötigen wir ein grundlegendes Verständnis davon, wie Wissenschaft Wissen generiert und wie anfällig wir alle für Fake News sind. Weil unser Gehirn alles andere als der objektive Informationsverarbeiter ist, für den wir es gern halten.

3. Mut: Die schweigende Mehrheit, die den Unterschied zwischen Fakten und Meinungen sehr gut kennt, muss lauter werden und der schreienden Minderheit Paroli bieten. Worauf warten wir noch?

Hier erzählen jeden Monat Wissenschaftlerinnen und Wissenschaftler, worüber sie sich ärgern

Jeden Monat finden Sie hier drei Zitate
zu einem Thema, diesmal: **Schizophrenie**

Wer hat's gesagt ?

„Ich nenne die Dementia praecox Schizophrenie, weil, wie ich zu zeigen hoffe, die Spaltung der verschiedensten psychischen Funktionen eine ihrer wichtigsten Eigenschaften ist. Der Bequemlichkeit wegen brauche ich das Wort im Singular, obschon die Gruppe wahrscheinlich mehrere Krankheiten umfasst." (a)

„Der Schizophrene ist übertrieben misstrauisch und aufgebracht gegenüber anderen Personen, aufgrund der schweren Kränkungen und Ablehnungen, die er durch wichtige Bezugspersonen in seiner Säuglingszeit und frühen Kindheit erfuhr, in der Regel durch eine schizophrenogene Mutter." (b)

„Die Schizophrenie ist die schillerndste aller psychischen Störungen. Sie kann leicht sein oder schwer. Sie kann akut und dramatisch verlaufen oder schleichend und für Außenstehende kaum wahrnehmbar. Sie kann kurze Zeit andauern oder ein ganzes Leben. Sie kann einmalig auftreten. Sie kann in längeren oder kürzeren Abständen wiederkehren." (c)

Frieda Fromm-Reichmann
(1889–1957), Ärztin
und Psychoanalytikerin

Eugen Bleuler (1857–1939),
Psychiater und Klinikdirektor
am Burghölzli

Asmus Finzen (geb. 1940),
Sozialpsychiater und
Psychiatriereformer

Auflösung: (a) Eugen Bleuler: Dementia praecox oder Gruppe der Schizophrenien. Deuticke, Leipzig 1911   (b) Frieda Fromm-Reichmann: Notes on the Development of Schizophrenics by Psychoanalytic Psychotherapy. Psychiatry, 11, 1948   (c) Asmus Finzen: Schizophrenie. Die Krankheit verstehen. Psychiatrie, Bonn 1993

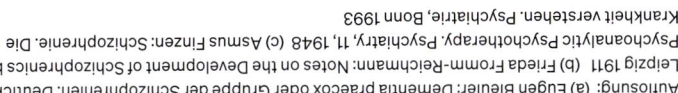

Menschen verstehen wie die Profis

5 Psychotherapeuten erzählen, mit welchen Haltungen und Techniken sie vorgehen, um andere Menschen besser zu verstehen. Und sie beschreiben, wie wir dieses Wissen im Alltag für uns nutzen können

Text: Anne Otto // Illustrationen: Francesco Ciccolella

Menschenkenntnis ist störanfällig – so werden schöne Menschen oft für intelligenter gehalten, als sie sind

S obald wir uns ein Bild von einem Gegenüber machen wollen, stützen wir uns auf unsere Menschenkenntnis: auf die Fähigkeit, andere rasch, intuitiv und nach bewährten Faustregeln einzuordnen. Und tatsächlich sind wir in diesen schnellen Urteilen zunächst gar nicht schlecht: Zahlreiche Studien – etwa die der Psychologen Alex Jones und Jeremy Tree von der *Swansea University* – haben gezeigt, dass Menschen Persönlichkeitsmerkmale wie den Grad der Verträglichkeit oder der Aufgeschlossenheit allein anhand von Fotos treffend einschätzen können. Doch was auf der Kurzstrecke – für flüchtige Begegnungen und den ersten Kontakt – funktionieren mag, versagt auf der Langstrecke, also in den uns wichtigen und gewachsenen Beziehungen. Wenn wir wissen wollen, warum unser Partner manchmal so verletzend schroff reagiert, wieso die Arbeitskollegin ständig laut telefoniert oder ob ein neuer Bekannter ein verlässlicher Freund werden kann, ist es wichtig, genauer hinzuschauen.

Wenn Psychologinnen versuchen, das Innenleben der anderen besser zu verstehen, verlassen sie sich beispielsweise nur selten auf das berühmte Bauchgefühl. Entgegen den gängigen Klischees – „Psychotherapeuten können Menschen durchschauen und wissen sofort, wie andere ticken" – gehen Profis oft eher tastend vor und hinterfragen ihre ersten Eindrücke von anderen immer wieder. Dafür gibt es zwei Gründe: Zum einen ist Menschenkenntnis störanfällig. Zahlreiche Studien belegen, dass wir beim Einschätzen anderer systematisch Fehler machen. Bekannt ist etwa der Attraktivitätsfehler, der darin besteht, dass man schöne Menschen für intelligenter und fähiger hält, als sie sind. Solche Verzerrungen sieht man aber nur, wenn man die üblichen Fallen bei der Bewertung anderer Menschen kennt und im Blick hat. Der zweite Grund: Wer wirklich begreifen will, was andere umtreibt und ausmacht, tut gut daran, sich von dem Wunsch zu verabschieden, sie in einer Art Profiling-Modus perfekt einordnen zu wollen. Denn Verstehen und Verständnis sind ein Prozess. Das erfordert, dass man sich Zeit lässt, genauer guckt und akzeptiert, dass sich Fragen auftun und man Widersprüchliches entdeckt.

Auf den folgenden Seiten kommen Vertreter der geläufigsten Therapieschulen zu Wort: ein Verhaltenstherapeut, ein Systemiker und ein Tiefenpsychologe, der mit dem Fokus aufs Unbewusste die Idee der psychodynamischen Verfahren vorstellt wie etwa in der Psychoanalyse; außerdem präsentieren ein Körpertherapeut und eine Gestalttherapeutin ihre Konzepte. Sie alle betonen, wie wichtig es ist, sich selbst zu kennen, um andere zu verstehen. Wer um seine blinden Flecken weiß, etwa dass er bestimmte Gefühle nicht gut erträgt, kann gezielt auf diese Aspekte achten. Auch stützen sie sich auf Offenheit, Langsamkeit, Genauigkeit, Empathie und eine fragende Haltung. Der Psychotherapeut und Supervisor Andreas Knuf sagt dazu: „Viele Menschen haben mittlerweile psychologische und sogar klinische Begriffe im Kopf und ordnen andere im Alltag danach ein. Solche Urteile stehen dem Verstehen oft eher im Weg. Wenn Sie wissen wollen, was in anderen vorgeht, was sie beschäftigt und antreibt, kann es hilfreich sein, auch erst mal einfach zuzuhören, sich ins Gegenüber einzufühlen."

Das Unbewusste entschlüsseln

wie Sven Ustorf, tiefenpsychologisch fundierter Psychotherapeut, Hamburg

Wie versuchen Sie, andere zu verstehen?

In der Tiefenpsychologie gehen wir davon aus, dass es „das Unbewusste" gibt – eine Anzahl von Motiven, Wünschen, Gefühlen, die Menschen stark prägen, in die sie jedoch keine Einsicht haben. Das Verhältnis von bewusst und unbewusst wird oft mit dem Bild eines Eisbergs verdeutlicht: Man sieht von einer Person wie vom Eisberg immer nur den kleinen Teil, der größere, unbewusste Teil liegt unter der Oberfläche – andere und auch die Person selbst können ihn nicht direkt erschließen. Dass es überhaupt so große unbekannte Bereiche in der Persönlichkeit gibt, liegt daran, dass man sich vor Gefühlen wie Angst, Ärger, Ohnmacht und bedrohlichen Erkenntnissen schützen will. Verschiedene Schutzmechanismen helfen, diese unbewussten Teile immer wieder zu verdrängen. Ein Beispiel für einen Abwehrmechanismus ist die Projektion: Jemand verdrängt bei sich selbst eine bestimmte unangenehme Empfindung, zum Beispiel Neid oder Aggression, und nimmt diese dann stattdessen verstärkt bei anderen wahr. Solche Schutzmechanismen setzt jeder ein, das ist normal. Wenn man sich selbst oder andere besser verstehen will, kann man sich also immer mal wieder fragen, in welchen Situationen Abwehrmechanismen am Werk sein könnten, warum sie da sind und was sich dahinter verbirgt.

Welche konkreten Techniken wenden Sie an?

Unbewusste oder abgewehrte Inhalte zeigen sich in allen Beziehungen, auch im Kontakt zur Therapeutin oder zum Therapeuten. Für mich ist es deshalb wertvoll, genau wahrzunehmen, was passiert, wenn jemand zum ersten Mal meine Praxis betritt, und wie er die Beziehung zu mir aufnimmt. Es kann sein, dass eine Patientin hereinkommt und sofort sagt: „Hey, Sie haben es aber schön, hier fühle ich mich wohl." Ich frage mich dann, weshalb sie das tut: Vielleicht mag sie die Fremdheit einer ersten Begegnung nicht, vielleicht meint sie, sie müsse anderen sofort ein gutes Gefühl geben und Stimmung machen, vielleicht sucht sie Nähe. Jetzt kommt aber etwas Wichtiges: Ich versuche, genau mitzukriegen, was sich in der Beziehungsaufnahme abspielt, welche Gefühle dabei in mir entstehen und welche Fantasien sich bei mir entwickeln. Aber ich werte erst einmal nicht, bilde mir kein Urteil. In den nächsten Sitzungen geht es vor allem darum, Patienten zum Reden zu ermutigen. Ich sage oft: „Erzählen Sie es so, wie es Ihnen in den Kopf kommt, auch wenn es ungeordnet ist." Die Haltung, die ich dabei einnehme, ist die „gleichschwebende Aufmerksamkeit". Ich versuche, alles wahrzunehmen, allem, was eine Patientin sagt, die gleiche Wichtigkeit beizumessen, jeder Äußerung, jeder Situation, denn ein unbewusster Konflikt kann sich überall zeigen. Häufig offenbart sich in einer kleinen Anekdote mehr als in der dramatischen Schilderung einer Lebensgeschichte. Denn über die Schwierigkeiten in der eigenen Biografie haben viele Menschen schon oft geredet, sie erzählen eine abgeschlossene Geschichte, die dahinterliegenden Konflikte, Gefühle oder die unbewussten unbewältigten Beziehungserfahrungen sind dann gar nicht mehr greifbar. Die kleinen Schwierigkeiten des Alltags dagegen gehen viele unvoreingenommen an – und dort sieht man persönliche Muster und Schutzmechanismen oftmals deutlicher. Ob jemand eher forsch oder vorsichtig den Raum betritt, ob jemand zu spät reinrauscht oder früher da ist, all das gibt Hinweise auf persönliche Muster, auf bevorzugte Arten, sich zu zeigen oder vor Schmerz zu schützen.

Was können Laien für den Alltag übernehmen?

Auch im Alltag kann man das Wissen nutzen, dass Menschen nicht nur aus dem bestehen, was ihnen bewusst ist, sondern manches unbewusst abläuft. Man versteht sie besser, wenn man nicht nur auf das hört, was sie mit Worten und bewusst sagen, sondern auch alles andere registriert, was sich im Kontakt abspielt: Wie bewegt sich die Person, welche Position nimmt sie in einer Gruppe ein, wo bestehen Widersprüche in dem, was sie sagt und tut? Solche Inkongruenzen sind ein Schlüssel, denn sie zeigen oft, wie die bewussten, vordergründigen Aspekte und die unbewussten Aspekte miteinander ringen. Wenn Sie irritiert sind, ist das eine Aufforderung, genauer hinzuschauen. Angenommen, Sie treffen einen Bekannten auf der Straße, der erzählt, dass jemand aus seiner Familie schwer krank ist, vom Tod bedroht. Aber statt sich traurig zu zeigen, lächelt der Mann beim Reden. Nun könnte man denken: Der ist aber herzlos. Schaut man sich aber den Widerspruch genauer an, nämlich dass die Person innerlich sicherlich besorgt ist, aber trotzdem lächelt, könnte man einen Abwehrversuch vermuten: Hinter dem Lächeln verbergen sich Traurigkeit und Angst. Wenn man einen solchen Widerspruch registriert, wäre es im Alltag unangemessen, ihn direkt anzusprechen. Aber man kann Trost anbieten oder schlicht fragen: „Wie geht es dir eigentlich?" Oft halten Menschen dann inne, kommen in Kontakt mit ihren Gefühlen und sagen: „Na ja, nicht so gut."

Anregung

In der Freizeit und beim Sport passiert es oft, dass Menschen Niederlagen rationalisieren und abwehren. Wenn Sie verstehen wollen, wie Abwehr funktioniert, können Sie auf solche Situationen verstärkt achten. Neulich habe ich mich mal wieder selbst dabei ertappt: Ich spielte mit einem Freund Schach und habe verloren. Im gleichen Moment, in dem mein König fällt, höre ich mich sagen: „Nun gut, ich hab zu viel Grünkohl gegessen und konnte nicht denken." Und mein Freund guckt mich nur an, fängt an zu lachen und sagt: „Alles klar, es war der Grünkohl." So ein humorvoller Umgang mit den Abwehrmechanismen der anderen kann im Alltag helfen. Sie signalisieren dem Gegenüber dann: Ich verstehe dich schon. Ich kenne das. Aber ich lass mir jetzt mein gutes Gefühl auch nicht verderben.

Literaturtipp

Irvin D. Yalom: *Der Panama-Hut oder Was einen guten Therapeuten ausmacht.* Btb, München 2010

Nicht nur auf das hören, was jemand sagt, sondern alle Handlungen und besonders Widersprüche betrachten

Das Umfeld einbeziehen

wie Björn Enno Hermans, systemischer Therapeut, Essen

Wie versuchen Sie, andere zu verstehen?

Es ist für uns Systemiker und Systemikerinnen zentral, den Fokus nicht nur auf die Person zu legen. Wenn ich ein Problem oder die Lage einer Klientin verstehen will, dann versuche ich, einen Schritt zurückzutreten und mir ein Bild von der gesamten Situation zu machen, vom System der Beziehungen und Einflüsse. Als Supervisor bin ich beispielsweise oft in Teams unterwegs, und andere Therapeuten stellen mir Fälle vor. Angenommen, es geht in der Supervision um eine Frau mit Alkoholproblemen. Ich frage dann sofort nach, wie die Frau lebt, ob sie Kinder hat, einen Partner oder wer sie unterstützt. Oft erlebe ich dann, dass die Teams, mit denen ich arbeite, diese Informationen über ihre Patienten gar nicht umfassend betrachten, sie fokussieren sich mehr auf das Problem, hier zum Beispiel die Sucht. Oder sie erkunden gemeinsam mit der Patientin, was sich im Innenleben abspielt, zum Beispiel Zweifel, Schuldgefühle, Hoffnungen und so weiter – was zweifellos ein bedeutsamer Fokus ist. Auf diese Weise vernachlässigt man vielleicht aber die vielen wichtigen Informationen über das Umfeld, über das System, in dem eine Person lebt und in dem sie sich entwickelt. Es hilft also, den Blick zu öffnen und alle Einflüsse und Ressourcen anzugucken. Als systemischer Therapeut will ich verstehen, wie ein Symptom, etwa der Alkoholmissbrauch, zustande kommt, was im Netzwerk um die Person herum passiert. Je mehr Einflüsse – sowohl positive als auch negative – ich wahrnehme, desto mehr Möglichkeiten für eine Veränderung kann ich erkennen und anregen. Wenn ich etwa sehe, dass der Griff zum Alkohol seltener wird, wenn die Frau Urlaub hat und nicht so belastet und gehetzt ist, sehe ich das als einen wichtigen Hinweis. Wenn ich dann noch wahrnehme, dass sich die Kinder immer dann zurückziehen, wenn die Mutter trinkt, und die Probleme sich dann in der Paarbeziehung verstärken, ist auch das ein wichtiger Schlüssel. Ich kann also an verschiedenen Punkten ansetzen, verschiedene Hinweise wahrnehmen. Eine grundsätzliche Orientierung bieten die Ziele und Aufträge der Klientinnen, zusammen mit den Annahmen über die bedeutsamen Wechselwirkungen in einem System. Das heißt aber auch: Einfache kausale Erklärungen, warum eine Person so oder so ist, greifen für mich zu kurz, etwa wenn jemand sagt: „Weil der Mann arbeitslos ist, trinkt die Frau." Es geht vielmehr darum, die Komplexität der Geschehnisse zu würdigen, möglichst viele Wechselwirkungen und Perspektiven zu betrachten und den Klienten auf dieser Grundlage neue Möglichkeiten anzubieten.

Welche konkreten Techniken wenden Sie an?

Fragen sind ein gutes Instrument. Bei der Technik des zirkulären Fragens versucht man, die Menschen einzuladen, auch andere Perspektiven einzunehmen und sich in andere hineinzuversetzen. Statt nur zu fragen: „Was denken und fühlen Sie heute?", stelle ich Fragen, die die Klientin ermuntern, die Perspektiven der anderen im System einzunehmen. Das könnte zum Beispiel sein: „Was würde mir Ihr Partner sagen, wenn ich ihn frage, wie es Ihnen momentan geht?" Oder: „Welchen Rat würde Ihre beste Freundin Ihnen jetzt geben?" Oder auch hypothetisch: „Was wäre zu Hause anders, wenn Sie das Problem nicht mehr hätten?" Das sind Versuche, durch neue Perspektiven auch neue Möglichkeiten für Veränderungen anzuregen. Diese Fragen bringen nicht nur

Was macht die Mutter? Wie sieht es der Vater? Was würde dein bester Freund sagen? – Wer aus verschiedenen Blickwinkeln guckt, gewinnt mehr Möglichkeiten

mir ein vollständigeres Bild, vor allem die Klientin bekommt einen Anstoß, nimmt unerwartete Blickwinkel ein, sieht vielleicht Einflüsse, die ihr vorher gar nicht aufgefallen waren.

Was können Laien für den Alltag übernehmen?

Es macht einen großen Unterschied im Prozess des Verstehens, wenn man statt suggestiver oder geschlossener Fragen häufiger mal offene Fragen stellt: Wenn der Partner abends eine Situation von der Arbeit schildert und zum Beispiel erzählt, dass er sich über eine Kollegin geärgert hat, und man selbst nicht so richtig begreift, was sich dort eigentlich abgespielt hat, kann man mit offenen Fragen auch eine Art kleinen Suchprozess anregen, kann gemeinsam forschen, was da los ist. Statt zu fragen: „Hat sie dich wieder geärgert?", könnte man offen fragen: „Womit hat sie dich verärgert?" Oder: „Was genau war das für eine Situation?" Oder: „Was würde denn eigentlich die Kollegin dazu sagen?" All diese Fragen öffnen den Raum und erweitern den Blickwinkel. Oft passiert es dann, dass das Gegenüber ins Reden kommt oder auch innehält, auf eine Frage nicht sofort eine Antwort weiß.

Das ist ein gutes Zeichen: Jemand denkt nach, ist irritiert, überlegt, sucht nach einem neuen Pfad. Die Antwort, die dann kommt, ist oft interessant, beinhaltet etwas Neues. Man versteht dann vielleicht den Konflikt besser, den der andere hat, aber man ahnt vielleicht auch, mit welchen Überzeugungen und Vorstellungen er bisher in Konflikte bei der Arbeit gegangen ist. Wenn Sie sich unsicher sind, wie solche offenen Fragen aussehen, können Sie sich einfach an Fragesätzen entlanghangeln, die mit „wie, wann, was, wo, weshalb, wozu, …" beginnen. Diese sind immer produktiver als geschlossene Fragen, auf die man nur mit ja oder nein antworten kann.

Anregung

Vor allem bei der Arbeit, wo man mit Leuten oft eng zusammensitzt, sie aber nicht sehr gut kennt, kommt es immer wieder vor, dass man das Verhalten anderer nicht versteht, dass man es zum Beispiel nervig findet, wenn ein Kollege immer wieder pedantisch darauf hinweist, dass die Kaffeeküche dreckig ist. Wenn Sie sich in solchen Situationen quasi eine systemische Brille aufsetzen, könnten Sie, statt zu sagen: „Die Person nervt", oder: „Die Person ist ein Pedant", eher offen herangehen und sich fragen: „Was könnte sie damit erreichen wollen? Was ist ihr wichtig?" Sie kommen dann automatisch auf ganz andere Antworten und verstehen mehr von dem, was diesen Kollegen umtreibt. Vielleicht sucht er Kontakt, hält das Team über dieses Thema zusammen, vielleicht findet er sonst kein passendes Thema mit den Kolleginnen und hat sich dieses ausgesucht. Eine solche Haltung finde ich hilfreich. Der Systemtheoretiker Niklas Luhmann formulierte es einmal so: „Vertrauen ist die Bereitschaft, den Mut zu haben, das Risiko einzugehen, dem anderen eine gute Absicht zu unterstellen."

Literaturtipp

Carmen Kindl-Beilfuß: *Fragen können wie Küsse schmecken. Systemische Fragetechniken für Anfänger und Fortgeschrittene.* Carl-Auer, Heidelberg 2018

Mit allen Sinnen wahrnehmen

wie Ulfried Geuter,
Körperpsychotherapeut, Berlin

Wie versuchen Sie, andere zu verstehen?

Körper und Psyche sind eine Einheit – diese Annahme ist für Körperpsychotherapeuten und -therapeutinnen zentral. Was wir körperlich wahrnehmen, steht in Verbindung zu dem, was im Kopf oder in der Seele passiert, es ist immer eine Ergänzung zu dem, was wir fühlen und denken. Im Therapieprozess ist es daher hilfreich, wenn wir die Aufmerksamkeit auf die Körperwahrnehmung lenken. Die Empfindungen, die Patienten dann entdecken, zum Beispiel eine Enge in der Brust oder ein Kribbeln im Bauch, ermöglichen oft einen zusätzlichen und unmittelbaren Zugang zu dem, was gerade ist. Das heißt aber nicht, dass Körperpsychotherapeutinnen in Sitzungen mit ihren Patienten permanent Körperübungen machen. Erst einmal wird gesprochen, und im Gespräch versucht man gemeinsam zu schauen, welche Themen wichtig sind, was jemand mitbringt, was bedrückend oder belastend ist. In den therapeutischen Prozess beziehe ich dann nicht nur die körperliche Selbstwahrnehmung der Patienten ein, sondern auch körperliche Signale und Veränderungen, die ich beim Gegenüber wahrnehme. Bisweilen teile ich einer Patientin auch mit, was ich selbst gerade spüre und empfinde – zum Beispiel dass sich bei ihrer Schilderung mein Magen zusammenzieht oder Ähnliches. Manchmal ist das für ein Gegenüber hilfreich. Die Rückmeldung kann dann dazu führen, dass Patienten das aufgreifen und darüber etwas besser verstehen, was bei ihnen selbst gerade geschieht.

Welche konkreten Techniken wenden Sie an?

Mir ist es wichtig, einen Raum für das Wahrnehmen der körperlichen Empfindungen, der Gefühle, Gedanken und inneren Bilder zu schaffen. Mein Ausgangspunkt ist der Mensch als erlebendes Subjekt. Es geht also darum, über das eigene Erleben mitzubekommen, was etwas für einen bedeutet. Es kann beispielsweise passieren, dass eine Person, die vorher ganz lebhaft erzählt hat, mit mir über ihre Partnerschaft spricht und dabei plötzlich eine brüchige oder gehetzte Stimme bekommt. Das spreche ich dann an und lenke die Wahrnehmung auf diesen eher körperlichen Ausdruck. Oft nimmt die Person das Angesprochene dann erst wahr und bekommt so einen Zugang dazu, dass irgendetwas nicht stimmt, dass sie sich beispielsweise Sorgen macht oder verletzt ist. Wie sehr insbesondere die Stimme auch Stimmungen und Schwingungen transportiert, bekommen Sie schnell mit, wenn Sie sich selbst beobachten und erleben, wie sich der Ton verändert, je nachdem ob Sie über etwas sprechen, das Sie verletzt hat, oder über etwas, das Sie erfreut. Auch eine andere Art der Körperäußerung ist relativ leicht zugänglich, die sogenannten ideomotorischen Signale. Das sind unbewusste Bewegungen, etwa das Wippen mit dem Fuß, das Ballen einer Faust oder das Streicheln der eigenen Hand. Auch solche Impulse greife ich in der Therapie zuweilen auf und schlage den Patienten vor, dort hinzuspüren und zu fühlen, was sich da abspielt – häufig teilen sich auf diesem Weg noch nicht bewusste Emotionen

Aufmerksamkeit im Hier und Jetzt ist wichtig – für das Innere und Äußere, den Körper und den Geist, für sich und andere

oder Bedürfnisse mit. Man kann auch versuchen, mit solchen motorischen Abläufen zu experimentieren – eine Geste größer oder kleiner, zarter oder gröber zu machen. Dann spürt man, was möglicherweise in der Bewegung steckt oder welche Intensität für einen gerade stimmig ist. Probieren Sie das doch einmal selbst aus, wenn Sie sich im Alltag bei solchen Bewegungen ertappen!

Was können Laien für den Alltag übernehmen?

Man kann durchaus lernen, feinfühliger zu spüren, wie man sich gerade fühlt, was eine Situation auslöst, was man bei einem Gegenüber wahrnimmt. Aufmerksam zu sein für das, was gerade im Moment geschieht, ist keine Selbstverständlichkeit. Es gibt Menschen, die wandern durch die schönste Landschaft und bekommen wenig davon mit, andere empfinden alles genau. Durch den verstärkten Fokus auf Körperwahrnehmungen entwickelt man noch mal ganz andere Antennen. Dann schaue ich zum Beispiel auf ein Kind, das durch ein Zimmer tobt, und statt sofort zu sagen: „Hör auf zu toben", spüre ich dem erst einmal nach: Wie fühlt sich das an, so rumzuspringen? Vielleicht spürt man dann, dass da eine Riesenenergie ist, vielleicht registriert man auch einen Druck. Der Blick auf den eigenen Körper hat etwas verändert, gibt zusätzliche Eindrücke und manchmal einen Zugang zur Psyche frei. Oder Sie sehen eine Person, die ganz gebeugt dasteht, und versuchen, sich in diese hineinzuversetzen, sich zu fragen, wie sich jemand fühlt, der sich so in der Welt hält. Sie müssen die Haltung dazu nicht nachahmen, aber es hilft, sich versuchsweise mental in solch eine Haltung hineinzuversetzen. Wovor ich warnen möchte: stereotype Deutungen von Mimik, Gestik oder Haltungen. Sie greifen oft zu kurz. Man kann nicht sagen: „Eine Person, die ihre Arme verschränkt, ist ablehnend." Oder: „Wer gebeugt geht, hat kein Selbstvertrauen." Wir wissen nicht, ob die Person die Arme nicht nur verschränkt, weil sie es bequem findet, und dass sie gebeugt geht, weil sie Rückenschmerzen hat. Es lohnt sich, die Ebene der scheinbar eindeutigen Körpersprache, wie man sie aus Flirtratgebern kennt, zu verlassen und tiefer in den Prozess der Wahrnehmung einzutauchen.

Anregung

Der Atem ist ein zentraler körperlicher Prozess. Die Verbindung mit dem eigenen Atem hilft dabei, sich körperlich deutlicher zu spüren. Außerdem erhält man auch einen guten Zugang zu anderen Menschen, wenn man den Atem- und Sprechrhythmus des Gegenübers mit erfasst. Manche Leute sprechen zum Beispiel sehr schnell und atemlos, man erahnt, dass dahinter eine Emotion oder eine Stimmung steckt, zum Beispiel Hektik, Wut oder Unbehagen. Es kann auch sein, dass Sie, wenn Sie einer atemlos redenden Person zuhören, selbst nervös oder konfus werden. In solchen Momenten haben Sie sich von der Ausdrucksart der Person anstecken lassen, bekommen viel mit von ihr. Das heißt nicht, dass Sie nun zu hundert Prozent wissen, was mit dem Gegenüber los ist. Aber Sie haben ein Signal, eine zusätzliche Information, die einen Zugang ermöglicht, es besser zu verstehen.

Literaturtipp

Ulfried Geuter: *Praxis Körperpsychotherapie. 10 Prinzipien der Arbeit im therapeutischen Prozess.* Springer, Berlin 2019

Die Einzigartigkeit suchen

wie Johanna Müller-Ebert, Gestalttherapeutin
und Tiefenpsychologin, Düsseldorf

Wie versuchen Sie, andere zu verstehen?

„Werde, wer du bist." Das ist einer der Grundsätze der Gestalttherapie. Wir gehen davon aus, dass jeder Mensch erkennen kann, wer er ist, und dass er seinen Weg auch selbständig beschreiten kann. Der Wille einer Person und die Stärke, sich dorthin zu entwickeln, wo für sie zentrale Themen liegen, sind dabei wichtige Antriebskräfte. Ich vertraue darauf, dass Menschen mit etwas Hilfe selbst herausfinden können, was in ihrem Leben gerade ansteht, welche Bedürfnisse für sie wichtig sind oder was sie vermissen. An diesen Leerstellen oder Sehnsüchten kann man ansetzen und ihnen nachgehen. Therapeuten und Therapeutinnen sehen sich als eine Art Hebamme oder auch als Bergführer, die gemeinsam mit den Klienten maßgeschneiderte Lösungen suchen. Damit dies gelingt, braucht man als Gegenüber im Gespräch eine unbedingte Neugier und Offenheit, weil man davon ausgeht, dass jeder Mensch anders fühlt und etwas anderes braucht und deshalb auch eigene Wege finden wird. Diese Grundhaltung hat noch weitere Konsequenzen: Ich bewerte die andere nicht danach, welche Schwierigkeiten sie hat, sondern danach, was sie sich wünscht, wo es sie hinzieht. Das heißt aber auch, dass ich verstehen will, was Menschen daran hindert, sich nach ihren Bedürfnissen zu richten, und wo der Wille in ihrer Biografie blockiert oder gebremst wurde. Viele Menschen waren in ihren Familien nicht erwünscht, so wie sie waren, und mussten sich anpassen, sind gebremst vielleicht sogar gebrochen worden. Wenn diese verzagten, früh blockierten Anteile sichtbar werden, kann man von dort aus mehr verstehen – und der Gesprächspartner kann sich weiterentwickeln.

Welche konkreten Techniken wenden Sie an?

Es kann darum gehen, innere Anteile oder Zustände zu verdeutlichen, zum Beispiel Empfindungen, die man früher als

Kind gehabt hat. Wir versuchen, sie sichtbar zu machen, indem wir diese inneren Anteile nach außen bringen. So können wir besser verstehen, wo die Kräfte und Wünsche einer Person liegen und wo ihre Hemmungen wirken. Häufig ist dabei eine Übung mit zwei Stühlen hilfreich. Ein Beispiel: Ein Mann war als Kind Linkshänder und ist umerzogen worden, musste also mit rechts schreiben. Das ist für viele Menschen eine Erfahrung, die mit Zwang, Angst und Wut verbunden ist. Das Umlernen im Grundschulalter haben viele als eine Situation erlebt, in der ihnen eine Lehrerin ihren Willen aufgezwungen hat. Dieser Mann könnte jemand sein, der bis heute in manchen Situationen mit Autoritäten gehemmt oder bockig reagiert. Jetzt kann ich in der Stuhlarbeit gemeinsam mit ihm herausfinden, welche Anteile hier wirken. Ich bitte den Mann, sich erst auf den einen Stuhl zu setzen, um zu spüren, wie er sich jetzt gerade als Erwachsener fühlt. Dann setzt er sich auf den anderen Stuhl und versucht, die Gefühle aus der Kindheit zu erinnern, als er auf das Schreiben mit rechts umerzogen wurde, wo er am liebsten Stifte durch die Gegend geworfen hätte, sich das aber nicht getraut hat. In dieser Position erlebt der Mann dann vielleicht Schmerz und Wut, aber er erlebt auch wieder einen Eindruck von der Kraft und der Energie, die er hat. Diese Methode, frühere Situationen zu verdeutlichen und zu externalisieren, also nach außen hin sichtbar zu machen, hilft nicht nur dabei, zu verstehen, in welchen Konflikten man verstrickt ist. Man findet auf diese Weise auch eher Ressourcen und den Weg zurück zum eigenen Mut, zur eigenen Stärke. Wenn Sie ausprobieren wollen, wie es wirkt, wenn man verschiedenen inneren Positionen mehr Raum gibt, können Sie dieses Gespräch auch schriftlich führen: Im Dialog äußert man sich einmal als Erwachsener – wie man heute ist – und einmal als Kind in jenem Zustand, in dem man gebremst wurde. So bekommen

Sie nicht nur einen besseren Zugang zu sich selbst. Sie verstehen auch andere besser, wenn Sie wissen, dass Menschen nicht immer nur erwachsen und klar sind, sondern zum Teil im Alltag auch kindliche Emotionen und Zustände erleben und sich danach verhalten.

Was können Laien für den Alltag übernehmen?

Es ist wichtig, auch die originellen, eigensinnigen oder schwer verstehbaren Seiten der anderen zu sehen und zu akzeptieren. Im Alltag stören uns an Menschen ja oft die Momente, in denen sie sich ganz anders verhalten, als wir es selbst tun würden. Oft finden wir das dann unnormal und halten nur das für gut und richtig, was wir selbst tun. Kurz: Was wir an anderen nicht mögen, verstehen wir vielleicht auch nicht richtig, es ist uns nicht vertraut. Neugier zu entwickeln heißt deshalb vor allem, einen beengten Blick durch einen interessierten zu ersetzen. Genau die Seiten, die wir bei anderen nicht verstehen, könnten wir dann bewusst zulassen und mehr wertschätzen. Dadurch wird es eher möglich, die anderen so zu sehen, wie sie sind, und nicht so, wie wir sie vielleicht haben wollen. Wenn Sie sich etwa im Freundeskreis umsehen, finden Sie mit Sicherheit eine Freundin, die Sie oft nervt, vielleicht weil sie sich hysterisch und hochtrabend gibt, dauernd dramatische Geschichten am Wickel hat. Spricht man mit anderen Personen über diese Freundin, kann man leicht in einer Haltung landen, aus der man sagt: „Ich mag sie wirklich, obwohl sie sich oft so dramatisch und unmöglich aufführt." Wie wäre es, wenn Sie stattdessen ab jetzt sagten: „Ich mag sie auch, weil sie sich so dramatisch und unmöglich aufführt." Zum Verstehen einer Person trägt bei, dass man sich eingesteht, dass man genau das an ihr faszinierend finden kann, was man an sich selbst gar nicht kennt. Einander verstehen heißt also für mich auch, sich in der Einzigartigkeit zu entdecken.

Anregung

Probieren Sie einen anderen Umgang mit Bewertung und Kritik. Manchmal stört einen etwas am anderen. Dann wäre es im Sinn der offenen und neugierigen Grundhaltung, die andere Person nicht ungefragt zu kritisieren, sondern eher zu fragen: „Ich könnte ein Feedback geben, willst du?" Sie zwingen so dem Gegenüber nicht Ihren Willen und Ihre Sicht auf. So kommt eher eine Begegnung zustande, in der beide etwas lernen und voneinander verstehen können.

Literaturtipp

Johanna Müller-Ebert: *Wie Neues gelingt. Die vier Schritte zur Veränderungskompetenz.* Kösel, München 2014

Neugier ermöglicht, die anderen zu sehen, wie sie sind. Und nicht so, wie wir sie haben wollen

Auf die Bedingungen achten

wie Thorsten Padberg, Verhaltenstherapeut, Berlin

Wie versuchen Sie, andere zu verstehen?

Von außen. Bereits die ersten Verhaltenstherapeuten und -therapeutinnen haben darauf geachtet, dass sie den Zusammenhang von bestimmten Reizen in der Außenwelt und den darauffolgenden Reaktionen systematisch in den Blick nahmen. Es ist uns bis heute wichtig, zu schauen, wie Menschen unter bestimmten Umständen reagieren. Die Pioniere sahen den Menschen allerdings sehr nüchtern als Reiz-Reaktion-Maschine, hatten den Eindruck, dass man jedes Verhalten von jedem Menschen allein durch bestimmte Bedingungen, Reize und Situationen erklären und sogar modellieren könne. Das ist komplett überzogen, denn der Mensch hat ja auch noch ein Innenleben. Wir betrachten deshalb heute nicht nur die konkreten Reize, die in einer Situation vorliegen, wir schauen auch auf Gefühle, Gedanken, den Körper, die Lerngeschichte und beziehen diese Informationen mit ein. Doch die Basis bleibt bestehen: Wenn wir das Verhalten eines Menschen begreifen wollen, schauen wir systematisch danach, welche Bedingungen in der Umgebung herrschen.

Welche konkreten Techniken wenden Sie an?

Ein typischer Satz einer Verhaltenstherapeutin oder eines Verhaltenstherapeuten lautet: „Geben Sie mir doch mal ein Beispiel." Angenommen, jemand kommt und sagt, dass er gern weniger essen würde, weil er sich immer so vollstopft. Dann sage ich: „Aha, das ist hochinteressant. Sie wollen also weniger essen. Dann schildern Sie mir doch mal eine typische Situation, in der Sie zu viel gegessen haben." Dann erzählt mir die Patientin etwa, dass sie abends gelangweilt oder gestresst durch die Wohnung läuft, vor dem Kühlschrank landet, dort Eis oder Käse rausholt oder in Schubladen nach Snacks sucht. Beim Suchen nach etwas Essbarem denkt die Person sich vielleicht: „Ach, der Tag war so hart, jetzt esse ich was, das hab ich mir verdient." Dieses Beispiel nehme ich dann als prototypische Situation, anhand derer man alle Faktoren herausarbeiten kann. In unseren Praxen haben wir deshalb meist ein Whiteboard, dort kann man notieren, in welcher Situation (allein abends zu Hause, ohne etwas Anregendes zu tun zu haben), bei welchen Reizen (Käse im Kühlschrank, Schokolade in der Schublade) und begleitet von welchen Gedanken („Ich hab es mir verdient") die Reaktion („Ich esse zu viel") entsteht. Das ist eine klassische Analyse aller Bestandteile einer Situation, die Klientin lernt, sich selbst zu verstehen, entschlüsselt ihr Verhalten und sieht auch, unter welchen Bedingungen ihr Verhalten wahrscheinlicher wird. Ich sage in meiner Praxis oft: „Man wird nicht beim Essen, sondern beim Einkaufen dick." Das klingt nach einem flapsigen Spruch. Doch dahinter steckt die Idee, die Situation selbst und die auslösenden Reize in der Umgebung zu verändern, um ein bestimmtes erwünschtes Verhalten zu erleichtern. Kurz gesagt: Wenn keine Schokolade da ist und man erst zum Supermarkt gehen müsste, wird das „Zu-viel-Essen" unwahrscheinlicher.

Was können Laien für den Alltag übernehmen?

Verhaltenstherapeuten haben Modelle entwickelt, mit denen sie menschliches Verhalten unter bestimmten Bedingungen erklären. Diese Schemata verdeutlichen, unter welchen Fak-

Es lohnt sich, genau auf die Situation zu schauen und zu entdecken, warum sie ein bestimmtes Verhalten begünstigt oder unmöglich macht

toren ungünstiges Essverhalten entsteht, oder auch, wie Angst durch bestimmtes Verhalten aufrechterhalten oder verstärkt wird. Dieses Wissen ist formelhaft, aber nützlich. In der Therapie gibt es deshalb immer einen Teil, der Bibliotherapie genannt wird. Die Patientinnen lesen Texte und betrachten Schaubilder und werden so selbst Expertinnen für bestimmte Reiz-Reaktion-Abläufe. Dieses Wissen kann sich jeder aneignen und es hilft, sich und andere besser zu verstehen. Ich erkläre das mal anhand von Ängsten: Wir wissen heute, dass Angst schlimmer wird, wenn Menschen die Situationen vermeiden, in denen Angst entstehen könnte. Es kommt dann, vereinfacht gesagt, zu einem Teufelskreis: Angst und Vermeidung werden immer größer, weiten sich aus. Dieses Wissen – „Vermeidung verschlimmert Ängste" – kann jeder im Alltag nutzen. Sie haben Angst vor Spinnen und überlegen, ob Sie deshalb vielleicht nicht mehr in den Keller gehen? Ein Kollege mag das Sprechen vor einer größeren Gruppe nicht und beschließt, es nicht mehr zu tun? Beide Beispiele zeigen, dass bei Angst erst mal die verständliche Reaktion aufkommt, angstmachenden Situationen aus dem Weg zu gehen. Mit Ihrem Grundwissen können Sie das jetzt verstehen. Sie können bei Alltagsängsten aber auch sich und andere animieren, brenzlige Situationen eher mal durchzustehen.

Anregung

Es lohnt sich, im Alltag genau zu beobachten, was beim Gegenüber in einer bestimmten Situation überhaupt los ist. Fragen Sie sich: Unter welchen Bedingungen zeige ich oder zeigt mein Gegenüber ein bestimmtes Verhalten? Fragen Sie sich aber auch, unter welchen Bedingungen dieses problematische Verhalten *nicht* auftritt, in welchen Situationen schaffen Sie es, anders zu reagieren? Es kann zum Beispiel sein, dass Sie oder Ihre Beziehungspartnerin destruktive Streits immer dann anzetteln, wenn Sie beide müde sind. Überlegen Sie sich dann, wann Sie in der Beziehung Konflikte konstruktiv lösen. Vielleicht merken Sie, dass das eher vormittags gelingt, wenn beide noch frisch sind. Sie können dann allein oder gemeinsam dafür sorgen, dass Sie Konflikte ab jetzt unter günstigeren Bedingungen ansprechen. Solche Lösungen klingen banal, verändern aber oft viel. Sie vermeiden so übrigens auch einen typischen Denkfehler, den fundamentalen Attri-

butionsfehler, den Menschen in der Bewertung anderer immer wieder machen. In Studien wurde oft nachgewiesen, dass wir bei der Beurteilung des Verhaltens anderer zu stark auf deren Persönlichkeit schließen und die Situation vernachlässigen. Wenn man jemanden etwa in einer Prüfungssituation kennenlernt und dieser gereizt oder genervt wirkt, nehmen viele Menschen an, dass das Gegenüber ein Griesgram sei. Dass der andere möglicherweise nur auf die stressige Situation reagiert, verlieren viele ganz aus den Augen und schätzen ihn falsch ein. Wenn Sie also die Situation und ihre Bedeutung bewusster in den Blick nehmen, vermeiden Sie diese Art Fehlbewertung. Eine gute Voraussetzung, um andere besser zu verstehen.

Literaturtipp

Eni Becker, Jürgen Margraf: *Vor lauter Sorgen … Selbsthilfe bei Generalisierter Angststörung.* Beltz, Weinheim 2017 ∎

Erschwerte Ablösung

Junge Erwachsene wohnen oft bis Mitte zwanzig bei den Eltern. Sie sollten früher ausziehen, sagt die Zürcher Psychologin Andrea Kager. Derzeit bremst zudem die Pandemie viele Entwicklungen aus

Interview: Birgit Weidt // Fotos: Paul Koncewicz

Frau Kager, läuft der Ablösungsprozess junger Erwachsener heute anders als in vergangenen Jahrzehnten?

Ja, die Beziehung zwischen Eltern und Kindern hat sich in den letzten Jahrzehnten gewandelt. Das Verhältnis ist in vielen Familien weniger hierarchisch, die Eltern bemühen sich um eine freundschaftliche Beziehung zu ihrem Nachwuchs. Die Beziehung ist entspannt und im besten Falle auf Augenhöhe. Doch diese Idylle hat auch ihre Tücken. Grundsätzlich ist es so, dass junge Erwachsene das Elternhaus das erste Mal verlassen, wenn sie institutionalisierte Übergänge im Lebenslauf vollziehen, zum Beispiel die Schule beenden. Der Auszug ist heute jedoch durch verschiedene Faktoren erschwert.

Welche sind das?

Ein wichtiger Aspekt ist die wirtschaftliche Situation. Der Berufseinstieg ist in vielen Bereichen geprägt durch befristete Anstellungen oder mehrere Praktika, die es für junge Erwachsene schwierig machen, größere finanzielle Verbindlichkeiten einzugehen. Die Ausbildungen ziehen sich über viele Jahre hin, sind teuer und oft verbunden mit mehreren Auslandsaufenthalten. Manches Studium ist außerdem so zeitintensiv, dass es kaum möglich ist, nebenher zu jobben. Nicht wenige Jugendliche entscheiden sich nach einer abgeschlossenen Lehre, ihren Ausbildungsweg fortzusetzen. Wenn Kinder in der Heimatstadt studieren, stellen sich die Eltern häufig auf den Standpunkt, dass zu Hause genügend Wohnraum zur Verfügung stehe, und der Nachwuchs bleiben sollte. Hinzu kommt, dass die Jugendlichen ihr Geld oftmals lieber in andere materielle Wünsche investieren, verreisen, ausgehen, shoppen, statt es für teure Mieten auszugeben. Und in den meisten Städten gibt es leider auch zu wenig bezahlbaren Wohnraum.

Welche Ursachen kann es haben, wenn Töchter und Söhne keine Anstalten machen, auszuziehen?

Wir müssen hier zwischen den erwähnten äußeren Faktoren und den inneren Notwendigkeiten unterscheiden. Innere Notwendigkeiten für die Ablösung sind beispielsweise soziale Kompetenzen, Bindungsfähigkeit und Selbstvertrauen. Das wirft einige Fragen auf: Sind die jungen Frauen und Männer in der Lage, Konflikte zu bewältigen? Wie steht es um ihre Frustrationstoleranz und Belastbarkeit? Sind sie fähig, Verantwortung für sich und andere zu übernehmen? Haben sie Angst vor dem Alleinsein? Bei einer weitgehend gesunden Entwicklung verfügen Jugendliche über diese Fähigkeiten oder können sie aufbauen. Wenn Jugendliche in der gewohnten Situation verharren, weil sie die elterliche Beziehung und die damit verbundene zwischenmenschliche Unterstützung sowie die vertraute Rollenverteilung nicht missen wollen oder weil sie sich so weniger um die Realität und die Anforderungen des Alltags kümmern müssen, sollten Eltern ihren Nachwuchs ermutigen, die notwendigen Ablösungsschritte zu gehen. Sollte dies nichts nützen, lohnt es sich, die Grundkonflikte jeder psychischen Entwicklung – wie Abhängigkeit und Autonomie, Versorgung und Autarkie, Identität und Dissonanz – zu überprüfen. Dies gilt nicht nur für die Kinder, sondern auch für die Eltern.

Auch diese sind nämlich aufgefordert, sich dem psychischen Schmerz auszusetzen, den die Abnabelung der Kinder bedeutet. Das „Leeres-Nest-Syndrom" kann gemildert werden, wenn sich die Eltern im Vorfeld die Frage stellen, wie ausgefüllt ihr Leben ohne die Kinder ist. In der Regel sind es die inneren Faktoren in Form von unbewussten Bindungen und Verstrickungen, die für schwierige Ablösungsprozesse auf beiden Seiten verantwortlich sind.

Gibt es Übertragungen und Projektionen, die sich behindernd auswirken?

Sowohl Eltern als auch Jugendliche sind in diesen Situationen gefordert, gegenseitige Abhängigkeiten und Rollenfixierungen zu reflektieren. Eltern müssen sich fragen, welche zentrale Funktion das Kind für sie hat. Ist es dazu angehalten, wie ein Partner, ein Elternteil, eine Freundin zu sein? Hat das Kind zum Beispiel bei streitenden Eltern die Rolle als Anwalt, Schlichter oder Richter inne? Fühlen sich die Kinder verantwortlich für das Wohlergehen ihrer Eltern und können nicht gehen, weil sie befürchten, dass die Eltern vereinsamen, sich trennen oder depressiv werden könnten? Die Ablösung

von diesen parentifizierten Kindern ist schwierig, da diese ein bedeutsamer Faktor für die Balance des familiären oder elterlichen Systems sind. Hier ist es angezeigt, fachliche Hilfe in Anspruch zu nehmen.

Wie kann man den Nachwuchs allmählich auf den Auszug vorbereiten?

Das ist keine sehr einfache Frage, da sie bereits eine gewisse Überfürsorglichkeit beinhaltet. Überfürsorglichkeit ist für Ablösungsprozesse toxisch. Wichtig erscheint mir, dass Eltern die Jugendlichen beziehungsweise jungen Erwachsenen bei Ablösungsschritten klar unterstützen, auch wenn sich ihnen vielleicht die Haare sträuben. Es kann sein, dass der erste Schritt misslingt. Und wenn der Nachwuchs wieder zurückflüchtet, dann ist es wichtig, dies als ersten Versuch zu sehen, auf den weitere folgen werden.

Wie können Eltern denn die Eigenverantwortung ihrer Kinder fördern?

Werden Kinder über Maßen unterstützt, gibt es für jedes Problem elterlichen Rat und Mitgefühl, haben Jugendliche zu wenig Raum, wichtige Erfahrungen zu machen, um Probleme auch selbständig zu lösen. Nur durch solche Erfahrungen lernen sie, dass es keine Katastrophe ist, wenn mal etwas schiefgeht, und dass aus Fehlern etwas Stärkendes entstehen kann.

Förderlich ist es, wenn Jugendliche für Fahrten mit Freunden oder das Pflegen teurer Hobbys etwas tun müssen. Es stärkt zudem das Selbstwertgefühl, mit kleineren Arbeiten in den Ferien eigenes Geld zu verdienen und Erfahrungen außerhalb der Familie machen zu können. Eltern sollten altersgemäß Verantwortung übergeben und unterstützen, dass ihre Töchter und Söhne Freundschaften und soziale Kontakte pflegen.

Welche Rolle spielt die Peergroup im Ablösungsprozess?

Sie stellt in der Pubertät einen Übergangsraum dar, sich von der Familie hin zur eigenen Selbständigkeit abzunabeln. Dieser Übergangsraum kann als eine Art Laboratorium für den Prozess des Selbstentwurfs und der Ichentwicklung verstanden werden. Die Eltern müssen nun aushalten, dass sie eine andere Bedeutung bekommen.

Gibt es hinsichtlich des Abnabelungsprozesses einen Unterschied zwischen jungen Frauen und Männern?

Statistisch gesehen sind Männer oft bequemer und nehmen „Hotel Mama" länger in Anspruch als Frauen. Möglicherweise liegt es auch daran, dass Mädchen stärker von den Eltern in Anspruch genommen werden als Jungs, dass sie trotz eines gewachsenen Bewusstseins für Gleichberechtigung immer noch mehr im Haushalt helfen oder für die Geschwister Verantwortung tragen müssen. Ich beobachte in meiner Pra-

Andrea Kager ist Psychoanalytikerin, Psychotherapeutin und Paartherapeutin in eigener Praxis in Zürich. Sie ist Vorstandsmitglied bei „Cinépassion", Psychoanalyse und Film in Zürich

Überfürsorglichkeit ist gut gemeint, aber schädlich für alle Beteiligten

xis, dass einige junge Frauen dadurch aber auch recht lebenstüchtig sind und klare Vorstellungen haben, wie sie ihr Leben gestalten und welche Ziele sie verfolgen wollen. Manch junger Mann macht sich darüber zunächst weniger Gedanken. Das sollte man aber nicht generalisieren.

Können Eltern ihre Nesthocker zum Auszug zwingen?

Eltern sind nicht dazu gezwungen, mit ihren erwachsenen Kindern in einem Haushalt zu leben. Will der Nachwuchs trotz mehrfacher Aufforderung und klarer Kommunikation nicht ausziehen, ist es wichtig, dass die Eltern ihren Wünschen Nachdruck verleihen und den Jugendlichen eine Frist setzen. Wenn all dies nichts nützt und die Jugendlichen sich nicht von der Stelle bewegen, ist fachliche Hilfe angezeigt. Meist handelt es sich in diesen Fällen um eine Störung im familiären System. Finanziell gesehen bleiben Mutter und Vater ihren volljährigen Kindern so lange mit Unterhaltsleistungen verpflichtet, bis diese ihre berufliche Erstausbildung abgeschlossen haben. Verdient das volljährige Kind neben Schule oder Studium regelmäßig etwas dazu, verringert sich der elterliche Anteil.

Wenn Jugendliche getrennter Eltern bei Mutter oder Vater wohnen: Beschleunigt oder verlangsamt sich der Abnabelungsprozess?

Es gibt beides: Für manche Jugendliche besteht nach der Trennung der Wunsch, rasch auszuziehen. Nicht selten dann, wenn ein Elternteil oder beide neue Partner haben oder Geschwister hinzukommen. Die Integration in eine Patchworkfamilie ist für Jugendliche schwierig. Sie sind in der unmöglichen Situation, sich auf ein neues familiäres System einlassen zu müssen und sich gleichzeitig von diesem abzulösen.

Andere wiederum haben Schuldgefühle, den alleinstehenden Elternteil in Stich zu lassen. Es gibt sehr verschiedene Konstellationen, und es ist nicht möglich, von einem Ablösungsmuster zu sprechen.

Und es hat auch finanzielle Konsequenzen.

Sicher. Ab dem 18. Lebensjahr verfügen die Jugendlichen selbst über die Alimente. Das kann in einigen Fällen dazu führen, dass der betreffende Elternteil die Miete der Wohnung nicht mehr zahlen und somit diese nicht mehr halten kann, wenn der oder die Jugendliche auszieht. Es ist wichtig, dass für diese schwierigen Situationen Lösungen gefunden werden. Auch Scheidungskinder müssen sich rechtzeitig abnabeln können.

Sie plädieren dafür, dass junge Erwachsene nicht gleich mit ihrem Partner oder der Partnerin zusammenziehen, sondern sich in ihrer Rolle als selbständige Menschen allein oder in einer WG ausprobieren sollten. Warum?

Diesen Zwischenschritt finde ich sehr wichtig. Die Fähigkeit, allein sein zu können, muss erlernt und erfahren werden. Es geht darum, Eigenverantwortung zu übernehmen, und es ist eine Chance, sich selbst in einem neuen Kontext zu erfahren und die damit verbundenen Gefühle und Stimmungen kennenzulernen und auszuhalten. Das zeitweise Alleinsein zu ertragen ist ein wichtiges und stärkendes Gefühl und die Basis für eine geringere Abhängigkeit in Beziehungen. Weitere Erfahrungen sind, das Zusammenleben mit anderen zu organisieren, selbst einzukaufen, Wäsche zu waschen, Behördengänge zu erledigen und

Die Pandemie lässt die Ablösung von den Eltern aus den Fugen geraten

einen guten Umgang mit dem zur Verfügung stehenden Geld zu finden.

Kann ein zu früher Abschied zu psychischen Problemen führen?

Was ist ein früher Abschied? Fälle, in denen Jugendliche sehr früh ausziehen, haben oft mit schwierigen Verhältnissen im Elternhaus zu tun, zum Beispiel wenn die Eltern psychisch belastet sind. Ein frühes Ausziehen beginnt in der Regel mit 15 oder 16 Jahren. Ob das gutgeht oder nicht, hat mit den psychischen und sozialen Ressourcen der Jugendlichen zu tun. In diesem Zusammenhang stellt sich auch die Frage: Gibt es andere, Halt gebende Bezugspersonen und eine verlässliche und stabile Peergroup? Beziehungsprobleme oder die Trennung der Eltern während der Pubertät können Grund für ein vorzeitiges Ausbrechen der Jugendlichen sein. Wenn das familiäre System zerfällt, nehmen Eltern nicht selten mit ihrer Trennung die Ablösung der Kinder vorweg.

Was ist, wenn die Kinder wieder zu Hause einziehen wollen?

Die sogenannten *boomerang kids*, Kinder, die nach längerer Selbständigkeit wieder ins elterliche Nest zurückkommen, sind meist jene, die ihren Job verloren, sich vom Partner getrennt oder einen längeren Auslandsaufenthalt beendet haben. Wichtig erscheint mir, diese Rückzüge als zeitlich befristete Überbrückungsmaßnahme zu gestalten. Den jungen Erwachsenen sollte vermittelt werden, dass es vielleicht gerade nicht geklappt hat oder etwas schwierig ist, aber dass dies keineswegs ein Grund zum Aufgeben ist. Wichtig ist, ihr Vertrauen zu stärken, dass sie es mit der Realität und allen damit verbundenen Schwierigkeiten aufnehmen können. Eltern sollten nicht als Notanker benutzt werden und sich auch selbst nicht vorschnell dazu zur Verfügung stellen. Zum Beispiel nach dem Motto: Wenn die Kinder nicht klarkommen, können sie jederzeit zurück nach Hause. Ablösung heißt ja nicht Kontaktabbruch, sondern beinhaltet einen Transformationsprozess, damit sich eine neue Beziehung zwischen Eltern und Kindern entwickeln kann.

Und wenn Eltern nicht loslassen wollen?

Möglicherweise haben sie dann noch keine Vision, wie ihr Leben ohne Kinder aussehen könnte. Vielleicht ist das Haus oder die Wohnung dann zu groß, möglicherweise verändern sich Freundschaften, ja überhaupt: Wie wird nun die Freizeit gestaltet? Lang Vernachlässigtes kann wieder Platz finden.

Wenn es in der Ehe kriselt, stehen beide vor der Frage, warum sie ihr Paarleben vernachlässigt haben und was sie über die Kinder hinaus noch verbindet. Eltern, die nur noch wegen der Kinder zusammengeblieben sind, trennen sich nicht selten in dieser Phase. Generell gilt, dass es sich lohnt, durch den mitunter äußerst schmerzhaften Ablösungsprozess zu gehen. Ist er bewusst durchgestanden, kann er eine stärkende und positive Erfahrung für alle sein.

Eine Ablösung von beiden Seiten ist also wichtig.

In jungen Jahren ab zwanzig ist es an der Zeit, den eigenen Lebensweg zu finden, das gelingt am besten durch eine räumliche Trennung. Im Zusammenleben von Eltern und ihren erwachsenen Kindern kommt es naturgemäß zu Konflikten, es gibt zu wenig Privatsphäre und somit weniger Chancen, sich unabhängig zu entwickeln. Wohlwollende Mütter und Väter machen sich ja doch ständig um irgendetwas Sorgen. Selbst wenn der Ablösungsprozess heute anders verläuft als früher: Kinder sollten raus, um ihren eigenen Weg zu gehen und Erfahrungen zu sammeln. Dies erhöht die Wahrscheinlichkeit, nach vollzogener Ablösung den Eltern auf Augenhöhe zu begegnen.

Wissenschaftliche Studien belegen, dass junge Erwachsenen, die eine äußere und innere Ablösung durchlaufen haben, sich erwachsener fühlen und sogar auch eher bereit sind, in schwierigen Lebenssituationen Rat und Unterstützung der Eltern anzunehmen. Solange Kinder nicht ausgezogen sind, spüren sie nicht immer, wer sie wirklich sind, was ihre Stärken und Schwächen sind, was ihre Persönlichkeit ausmacht. Das merken sie erst in ihrer Selbständigkeit.

Wie wirkt sich die Coronakrise Ihrer Erfahrung nach aus?

Die Pandemie hat die Ablösung der Jugendlichen von ihren Eltern aus den Fugen geraten lassen. Der Start ins neue Leben, in die Berufslehre, in das Studium, der geplante Auslandsaufenthalt, die erste große Reise, das Praktikum, Schul- und Studienabschlussfeiern, alle in normalen Zeiten wichtigen Ablösungsschritte und Übergangsrituale, die immer auch ein notwendiges Probehandeln darstellen, sind vor den ungläubigen Augen aller Beteiligten wie Schnee an der Sonne geschmolzen. Die teilweise finanzielle Unabhängigkeit vieler Studierender und Lehrlinge, ermöglicht durch einen vielfältigen Markt an Ausbildungsstellen und Nebenjobs, ist Geschichte. Wohngemeinschaften fallen auseinander, da die ökonomische Belastung nicht mehr tragbar ist. Studien und Lehrstellen werden unterbrochen, abgebrochen oder gar nicht erst aufgenommen. Ungewisse Zukunftsaussichten führen dazu, dass Jugendliche nicht wie erwartet ausziehen oder unverhofft zurückkehren.

Eltern und Jugendliche zeigen dabei viel Resilienz. Gemeinsam entwickeln sie Strategien, wie sich die Familie vor dem Virus schützt und wie mit den unerwarteten neuen Bedingungen umgegangen werden kann. Das benötigt intakte familiäre Strukturen, Wohnraum, Großzügigkeit und Offenheit. Familien, die bereits vorher unter psychischen Belastungen gelitten haben, sind in der Pandemie um ein Vielfaches belasteter. ∎

„Gewaltfreie Kommunikation – Die Sprache des Herzens"

Der GFK-Onlinekongress
vom 21. bis 25. Mai 2021

Sprache verbindet uns Menschen miteinander und wir möchten zeigen, wie wir gerade in einer noch nie dagewesenen Situation anders – besser – miteinander umgehen können.

- Sie sind an den Grundlagen der Gewaltfreien Kommunikation (GFK) interessiert?
- Sie wollen erleben, wie vielfältig die Einsatzmöglichkeiten der GFK sind?
- Sie wollen fortgeschrittene Anwendungsfelder der GFK kennenlernen?

Dann ist der GFK-Onlinekongress genau das Richtige für Sie!

Unsere Referenten sprechen zu Themen wie:
- Partnerschaft, Kindererziehung, Familie, Freundschaften
- Beziehungen zu Kolleg*innen oder Geschäftspartner*innen
- GFK im beruflichen Umfeld zum Beispiel in der KITA, Schule oder im Krankenhaus
- GFK in Coaching und Beratung
- GFK in politischen und gesellschaftlichen Debatten

Während des Kongresses ist die Teilnahme kostenlos, Sie können der Veranstaltung bequem von zu Hause aus folgen. Nach dem Kongress stehen Ihnen alle Beiträge optional in Form eines Kongresspaketes zum Kauf zur Verfügung.

Folgende Referent*innen erwarten Sie: Liv Larsson, Irmtraud Kauschat, Barbara Leitner, Beate Brüggemeier, Claudia Broadhurst, Jürgen Engel, Vera Heim, Gottfried Orth, Britta Hahn, Karoline Bitschnau, Birgit Brand-Hörsting, Anja Palitza, Olaf Hartke, Gerhard Rothhaupt, Anja Kenzler, Kirsten Kristensen, Ulrike Michalski, Tilman Krakau, Gabriele Lindemann, Gabriele Seils, Christian Bähner.

www.gfk-kongress.de

Das Kreativ-Ich in der Krise

Eine Schauspielerin leidet unter Panikattacken, ein Klarinettist „behandelt" sein Lampenfieber mit Alkohol. Alina Gause hat ein Konzept entwickelt, mit dem sie Kreative unterstützt

Text: Alina Gause
Illustration: Michel Streich

Kreative Persönlichkeiten verfügen über zahlreiche psychische Kompetenzen, die bei der Bewältigung von Krisen hilfreich sind, wie Fantasie, Kreativität, Humor oder Ambiguitätstoleranz (das Gegenteil von „Schwarz-Weiß-Denken"). Zudem steht ihnen die Kunst als innerer roter Faden zur Seite, wenn sie aus der Balance geraten. Sie wirkt einerseits wie ein Seismograf für Erschütterungen und hilft andererseits bei der Stabilisierung. So spürt eine Sängerin Belastungen auf ihrer Stimme – das Singen ist ihr aber auch bei der Überwindung hilfreich.

Eine weitere Besonderheit bei den kreativen Berufsgruppen besteht darin, dass alles „in einem Topf" ist: Wo endet die Arbeits- und beginnt die Freizeit?

Alle Leidenschaften sind im Beruf realisiert und das private und berufliche Netzwerk sind häufig stark miteinander verzahnt. Daher löst ein Problem in einem Teilbereich nicht selten einen Flächenbrand aus, und es fällt schwer, die Quelle für den Leidensdruck zu benennen.

Die Schauspielerin Inga entwickelte etwa nach zwei schlecht verlaufenen Drehtagen Panikattacken und Schlafstörungen – damit geriet für sie das ganze Leben aus den Fugen. Oder Makoto, Klarinettist, fand nach 30 Jahren Leidenszeit, in denen er sein Lampenfieber zeitweise mit Alkohol und Medikamenten „behandelt" hatte, zu mir. Und Annette, Autorin, litt unter einem für sie unentwirrbaren Chaos aus familiären Mustern, Zweifeln und Selbstanklagen, das sie aus ihrer Sicht daran hinderte, Bücher zu schreiben.

Für diese Problemstellungen habe ich unter anderem das *Konzept der drei Persönlichkeitsanteile Kreativer* entwickelt: Danach gibt es die *erste Person*, die Privatperson, und die *zweite Person*, das Kreativ-Ich. Und schließlich die *dritte Person*, die in Situationen erscheint, die nicht eindeutig der ersten oder zweiten Person zugeordnet werden können und zumeist Fragen des Marketings und der Selbstorganisation betreffen. Verknappt könnte man sagen: Sind alle drei Persönlichkeitsanteile gut versorgt, ist ein nachhaltig zufriedenstellendes Künstlerleben garantiert.

Das Kreativ-Ich im Lockdown

Häufig stelle ich dieses Denkmodell direkt zu Beginn der Zusammenarbeit vor. Ich führe aus, dass *erste, zweite* und *dritte Person* sich in ihren Bedürfnissen und Aufgaben unterscheiden, gegebenenfalls verschiedene Lebensräume bevorzugen und sich in unterschiedlichen Spannungs- und Bewusstseinszuständen befinden. Ich bitte mein Gegenüber, für jeden Persönlichkeitsanteil einmal zu überlegen, was er braucht, um sich in seinem Element zu fühlen. *Erste Person*: Ist die Privatperson gerne im Wald oder lieber in der Clubszene unterwegs? Wie viel

Schlaf und Bewegung sind für sie richtig? Wie wichtig ist ihr der Kontakt oder Abstand zu ihrer Ursprungsfamilie? *Zweite Person*: Welche Dosis an Ausübung der Kunst braucht das Kreativ-Ich, um sich lebendig zu fühlen? Ist es störend, wenn die Nachbarn alle Übungen mitverfolgen? Und schließlich die *dritte Person*, der Manager des Trios: Wie leicht oder schwer fällt es ihr, das Selbstmarketing zu betreiben? Ist eine klare zeitliche Struktur hilfreich oder hinderlich?

Im zweiten Schritt schauen wir, in welchen Bereichen es rundläuft und wo etwas fehlt. Unter Umständen ist die *zweite Person*, das Kreativ-Ich, in ihrer Welt furchtlos und ambitioniert, die *dritte Person* hingegen in Bezug auf ihren Bereich verängstigt oder desillusioniert. Oder die *erste Person*, das Privatleben, hat unter der erfolgreichen Karriere gelitten – *zweite* und *dritte Person* sind aber zu Recht stolz auf das Erreichte. Natürlich ist die Aufteilung einer Gesamtpersönlichkeit in drei Einzelteile ein künstlicher Vorgang. Kreative finden jedoch häufig durch eine solche getrennte Betrachtung der unterschiedlichen inneren Welten zu einer entlastenden Ordnung und zurück in den Handlungsmodus. Sie lernen die verschiedenen Stärken und Schwächen ihrer Anteile kennen und können sie zu ihrem persönlichen Dreamteam hin entwickeln.

Für die Schauspielerin Inga kristallisierte sich heraus, dass alles, was ihre Privatperson brauchte, um auf stabilen Beinen zu stehen, durch den Coronalockdown weggebrochen war. Die Familie im Ausland zu sehen, der Sportverein, Zeit mit dem Patenkind zu verbringen. Ihr wurde klar, dass es diese solide Basis der *ersten Person* war, die es ihr bisher erlaubt hatte, in der *zweiten Person* dem hohen Druck ihrer Filmkarriere standzuhalten. Der Wegfall dessen hatte sie labilisiert und ihr Lampenfieber in Auftrittsangst kippen lassen. Die damit verbundenen Schlafstörungen und Panikattacken waren ihr jedoch nicht nur wie eine Verstärkung des üblichen Lampenfiebers erschienen, sondern wie ein neuartiges und daher besonders besorgniserregen-

des Phänomen. Sie interpretierte sie zudem als Folge vermeintlicher Inkompetenzen der Schauspielerin in ihr. Als wir nun identifizierten, was für eine entscheidende Säule mit ihrem veränderten Privatleben weggebrochen war, konnte sie zum einen die wichtige Aufgabe dieses Anteils erkennen und zum anderen ihr Vertrauen in die *zweite Person*, die Schauspielerin, zurückgewinnen. Wir räumten der Stärkung ihrer

Die drei Anteile der Person sollten gut versorgt sein. Dann wird das Künstlerleben gelingen

Privatperson unter Coronabedingungen höchste Priorität ein. Die positiven Effekte davon und die Erleichterung darüber, ihr Kreativ-Ich unversehrt als kompetent zu erfahren, senkten ihre Ängste innerhalb weniger Wochen wieder auf ein für ihre Arbeit als Schauspielerin notwendiges, aber akzeptables Maß.

Vernachlässigte Sehnsüchte

Bei Makoto, dem Klarinettisten, ergab die Analyse, dass er sich privat so stabil fühlte wie lange nicht mehr, was er vor allem auf die glückliche Beziehung zu seinem Partner zurückführte. Dadurch war Raum für Themen der *zweiten Person* entstanden – wie etwa seine Auftrittsangst. Beim Blick auf sein Musiker-Ich stellten wir fest, dass er seine persönlichen Wünsche zugunsten eines eher fremdbestimmten, vorgezeichneten Weges zurückgestellt hatte. Vorsichtig näherten wir uns den vernachlässigten Sehnsüchten. Er erzählte von

einer Begegnung mit Leonard Bernstein und weinte. Es führte ihm vor Augen, wie tief die Liebe zur Musik in ihm verankert war und dass seine Ängste ihm den Zugang hierzu verstellten. Dieses emotionale Erlebnis brachte für ihn die Wende – wir entwickelten ein Übungsprogramm und besprachen, wie er vor einem Konzert bewusst das Gefühl aus der Begegnung mit Bernstein als Erinnerungsanker nutzen könne. Er berichtete mir später, dass die Ängste sich durch die Übungen und die erneuerte Verbindung zu seiner *zweiten Person*, dem Musiker-Ich, so reduzieren ließen, dass ihn die Schönheit der Musik wieder erreichen konnte. Vor seinem Einsatz habe er nur noch gedacht: „Wie schön, dass ich ein Teil davon bin", und das erste Mal seit seinem dritten Studienjahr wieder angstfrei gespielt.

Abschließend möchte ich noch von Annette – der Autorin, die keine sein konnte – erzählen. Gekommen war sie in der Erwartung, dass wir in mühseliger Arbeit eine hochneurotische Familienverstrickung lösen müssten, um es ihr zu ermöglichen, ins Schreiben zu kommen. Für uns beide überraschend verließ sie bereits die erste Sitzung mit einem ganz neuen Blick auf ihre Gesamtpersönlichkeit und einem klaren Entschluss: Sie werde von nun an ihre *zweite Person*, die Autorin in sich, als unabhängiges Wesen mit eigener Legitimation betrachten. Den von ihr selbst so genannten „Psychoteil des privaten Ichs" wolle sie hingegen ab sofort – zumindest in den Schreibzeiten – ad acta legen. Und ihre *dritte Person* habe ihrem Autorinnen-Ich verordnet, sich auf diesem Weg von mir unterstützen zu lassen. In der Folgezeit konnte ich miterleben, wie sie sich tatsächlich ungeachtet der alten Familienkonflikte als Autorin etablierte. ∎

Alina Gause, Diplompsychologin und Schauspielerin, bietet in Berlin eine spezielle Beratung für Künstlerinnen und Künstler an. Sie ist Autorin des Buches *Kompass für Künstler. Ein persönlicher Wegbegleiter für Kreative* (Springer 2017)

Vom Glück im Schönen

Ob etwas ästhetisch ist, können wir sofort sagen. Warum es
das ist – und uns das Schöne so guttut – ist uns weniger klar.
Die Antwort liegt in unserer Vergangenheit

Text: Filipa Lessing // Illustration: Lucille Clerc

Vor 1,4 Millionen Jahren formten die Jäger, Jägerinnen und Sammler der Steinzeit ihre ersten Faustkeile symmetrisch. Dabei waren die symmetrischen Handkeile nicht praktischer als die unsymmetrischen, es ließ sich mit ihnen weder besser schneiden noch jagen. Die Wissenschaft konnte für diese aufwendige Technik bisher keinen besonderen Grund erkennen. Laut den Archäologen Mark White und Frederick Foulds gibt es nur eine plausible Erklärung: Die Steinzeitmenschen fanden diese Form einfach schöner.

Die simple Freude über etwas Schönes ist sehr menschlich. Seit jeher ziehen uns ästhetische Farben, Formen und Proportionen an. Im antiken Pompeji zierten grazile Fresken selbst profane Schnellimbisse, wie kürzlich ein Fund zeigte, der fast 2000 Jahre alt sein soll. Im Alltag meinen wir mit dem Wort „schön" meist etwas, das einen besonders angenehmen Eindruck hinterlassen hat: einen Sonnenuntergang, eine Stimme, den Geruch eines geliebten Menschen, ein Lächeln oder die Art, wie sich eine Person durch den Raum bewegt. Auch das Gefühl von weichem Fell, ein Musikstück oder eine besondere Formulierung nennen wir schön. Selbst mathematische Fachzeitschriften drucken neue Beweise für längst belegte Theorien, weil der neue Beweis eleganter, ja schöner ist als der alte. Warum zieht uns Schönheit so an, warum macht sie uns so glücklich? Erklären lässt sich das, indem wir tausende von Jahren zurückblicken.

„Evolutionäre Ästhetik", heißt die Forschungsrichtung, die sich mit der evolutionären Entwicklung unseres Schönheitssinns auseinandersetzt. Ihre Überzeugung: Alles, was für unser Überleben, unsere Fortpflanzung oder unsere Gesundheit wichtig ist, verbinden wir mit Freude. Schönheit signalisiert uns: Das, was du siehst, ist gesund, alles ist in Ordnung. Auf diese Weise erklären Evolutionspsychologinnen, weshalb wir Strände, Seen und sogar Pools schön finden. Wasser beruhigt uns, weil es eine überlebenswichtige Ressource ist, die nicht immer zugänglich war. Selbst ein Aquarium im Einkaufszentrum macht uns glücklicher und kommunikativer, wie die Wiener Anthropologin Sonja Windhager mit ihren Kollegen 2011 herausfand.

Pflanzen sind ebenfalls unverzichtbar für uns – und geben uns ein gutes Gefühl. Der Ausblick auf Bäume reduziert die Genesungszeit von Patientinnen und das Erkrankungsrisiko von Gefangenen. Auf Instagram folgen Millionen Menschen sogenannten „Plantfluencern", die hübsche Bilder von Gummibäumen und Monsterae posten. Dabei finden wir selbstverständlich nicht alle Pflanzen schön. Gelbe Blätter? Vertrocknete Früchte? Schiefer Wuchs? Wir wissen instinktiv: Mit dieser Pflanze ist irgendwas nicht in Ordnung. Wir finden sie hässlich – ein Warnsignal unseres Gehirns.

Es gibt keinen Zusammenhang zwischen einem schönen Äußeren und einem schönen Charakter. Deshalb warnt der Volksmund vor „Schönlingen". Trotzdem: Wir verbinden Schönes automatisch mit positiven Eigenschaften. Schöne Menschen werden bei Bewerbungen vorgezogen, sie haben häufiger einen Job und verdienen durchschnittlich mehr Geld. Schon in der Universität wird gutaussehenden Studierenden beim ersten Eindruck mehr Kompetenz zugetraut. Bei Verkehrsvergehen erhalten attraktive Täterinnen statistisch gesehen mildere Strafen als unattraktive. Die US-amerikanischen Psychologen Igor Bascandziev und Paul Harris ließen Vorschulkinder neue Wörter lernen. Bekamen die Kinder dafür von zwei verschiedenen Computeravataren unterschiedliche Antworten, vertrauten sie den attraktiveren Gesichtern mehr.

Was wir oft sehen, gefällt uns. Vielleicht weil es leicht zu verarbeiten ist. Das gibt ein gutes Gefühl

Damit diese Beurteilung schnell und zuverlässig funktioniert, springt im Gehirn das Belohnungszentrum an, das mesolimbische System. Es sorgt dafür, dass wir viele Aktivitäten, die für unser Überleben wichtig sind, mit etwas Angenehmem verbinden. Dieses verzweigte Netz aus Hirnarealen und Nervenverbindungen wird aktiviert, wenn wir etwas erwarten oder tun, das positive Konsequenzen hat. Im Mittelhirn wird dann der wichtige Botenstoff Dopamin ausgesendet, der für die Kommunikation zwischen den Arealen sorgt. Auch körpereigene Opioide, die Endorphine lagern sich nun an Rezeptoren des Belohnungssystems an und steigern dadurch das Glücksgefühl. Wird eine bestimmte Erfahrung, etwa Kuchenessen, als wohltuend empfunden, so wird sie mit dem Belohnungssystem verknüpft. Wir erinnern uns gern daran – und wollen das Erlebte in Zukunft wiederholen.

Biochemie der Ästhetik

Die Psychologin Olga Chelnokova und ihr Team haben experimentell untersucht, wie dieses System auf menschliche Schönheit reagiert. Sie blockierten die Opioidrezeptoren von einigen ihrer männlichen Probanden mit einer chemischen Substanz – bei ihnen konnten also nicht so viele Endorphine aktiv werden. Bei anderen Probanden verstärkten sie die körpereigenen Opioide durch externe Opioide, genauer gesagt Morphin. Ergebnis: Die Männer der Morphingruppe empfanden die ihnen vorgelegten Frauengesichter nun als noch schöner als zuvor und wollten sie noch länger betrachten. Die Teilnehmer mit den blockierten Opioidrezeptoren hingegen fanden selbst die Bilder uninteressanter, die sie zuvor als schön bewertet hatten. Auch wollten sie diese weniger lange anschauen.

Wie schön wir jemanden finden, hängt also auch mit unserer Hirnchemie zusammen. Das Glück, das wir erleben, wenn wir etwas Schönes sehen oder erfahren, steuert unsere Aufmerksamkeit – ganz unbewusst. Schon wenige Monate alte Babys finden schöne Gesichter interessanter und schauen sie länger an. Welche Gesichter Menschen am besten gefallen, ist trotz kultureller Unterschiede weltweit ähnlich – das zeigen Studien mit Asiatinnen, Lateinamerikanerinnen, Afrikanerinnen und Europäerinnen. Besonders attraktiv erscheinen uns symmetrische Gesichter. Menschliche Körper bewerten wir ähnlich, fanden Forscher um William Brown 2008 heraus. Um den Einfluss von Kleidung, Gesichtsausdruck oder Hautfarbe zu eliminieren, erstellten sie 3D-Modelle von Männer- und Frauenkörpern und zeigten diese den Probandinnen. Die symmetrischen Körper wirkten in den Augen der allermeisten Menschen besonders anziehend.

Gesichter, aber auch Blumen, Schmetterlinge, Schneeflocken – fast alles in der Natur beruht auf Symmetrien. Und auch in der Kultur: Die Ägypter bauten ihre Pyramiden drehsymmetrisch, die Römer errichteten ihre Aquädukte translationssymmetrisch, die Aborigines malten ihre Sandbilder punktsymmetrisch.

Von Symmetrie spricht man immer dann, wenn ein Objekt durch Bewegung auf sich selbst abgebildet werden kann. Eine symmetrische Figur ist dabei nie aus der Mode gekommen: der Goldene Schnitt. Man teilt dafür eine Strecke (oder Fläche) mit dem Faktor 0,382 und erhält somit zwei Teile. Der längere Teil verhält sich nun zur Gesamtstrecke wie der kürzere Teil zum längeren. Doch auch ohne mathematische Kenntnisse erkennen wir den Goldenen Schnitt. Wir empfinden ihn einfach als „ausgewogen". Der Bau von Schneckenhäusern folgt diesem Prinzip, die meisten Blattstellungen von Pflanzen oder gute Fotografien. Selbst die vordere Fassade des Parthenontempels richtet sich danach: Die Höhe des Unterbaus mit den Säulen verhält sich zu Höhe des Giebels wie die Gesamthöhe des Bauwerks zu dessen Breite.

Ein anderes universelles symmetrisches Muster sind Fraktale. In den 1970ern entdeckte der Mathematiker Benoît Mandelbrot diese selbstähnlichen Strukturen. Ihr Geheimnis: Egal wie sehr man in eine Figur „hineinzoomt", ihre Form wiederholt sich auch im Kleinen immer wieder. Bei Bäumen gleicht das Muster, welches ihre dicken Äste ergeben, dem Muster ihrer feinen Zweige, das wiederum ganz ähnlich aussieht wie das Muster ihrer Blattadern. In der Natur werden wir ständig mit der fraktalen Struktur konfrontiert: Blitze etwa entladen sich selten in einer geraden Linie, sondern entwickeln zuweilen zahlreichen Verzweigungen, die sich wiederum in kleinere Zweige teilen. Die kleinen Verzweigungen sind in ihrer Form dem „Mutterblitz" ähnlich.

Unser Gehirn ist sehr gut darin, diese sich wiederholenden Muster zu erkennen – und zu imitieren. Die Surrealistinnen etwa hatten in den 1920ern das Ziel, frei von bewussten Überlegungen zu zeichnen. Trotzdem folgten ihre Bilder der fraktalen Logik, ebenso wie die Werke Jackson Pollocks, eines Hauptvertreters des abstrakten Expressionismus. Mehrere Studien zeigten: Die überwiegende Mehrheit der (Laien-) Betrachter kann eine Pollock-Kopie vom Original unterscheiden, wenn die Kopie nicht dessen fraktalen Mustern folgt. Heute nutzen Filmemacherinnen Fraktale für Spezialeffekte: Digitales Feuer etwa entsteht, indem ein Strudelmuster immer wieder kopiert, verkleinert und wieder eingesetzt wird. Wenn Obi-Wan und Anakin in *Star Wars* am Lavastrom kämpfen, sieht das atemberaubend aus – weil Fraktale dahinterstecken.

Warum wir Symmetrien so mögen, konnte noch nicht abschließend geklärt werden. Es könnte daran liegen, dass sie zeigen, dass etwas oder jemand gesund ist. Diese wie jede andere evolutionäre Begründung hat jedoch einen Haken: Sie lässt sich – so wie alle Modelle der Evolutionspsychologie – nicht beweisen. Allerdings gibt es andere psychologische Ansätze, um die Wirkung und Eigenschaften von Schönem besser zu verstehen.

Der Neuropsychologe Colin Ellard begleitete seine Probanden durch ein New Yorker Viertel, in dem gerade ein riesiger Supermarkt mit monotoner Fassade eröffnet hatte. Vor der leeren Wand waren die Menschen passiv, ruhig und gehemmt. Nur ein paar Häuser weiter hingegen, in einer Umgebung mit verzierten Fassaden, waren sie lebhaft und gesprächig. Die Architektin und Forscherin Ann Sussman hat diesen Effekt genauer untersucht. Mittels Eyetracking hat sie gemessen, wie wir auf Gebäude schauen. Ihr Ergebnis: Leere Flächen langweilen uns, über sie schweift unser Blick, ohne hängenzubleiben. An Ornamenten, bunten Wandbildern oder Mosaiken hingegen verweilt er. Durch sie werden Fixpunkte geschaffen, die unseren Erkundungsgeist vorantreiben, die uns bei der Orientierung helfen und durch die wir uns mit der Umgebung verbunden fühlen. Und das wiederum macht uns glücklicher. Ann Sussman fragte ihre Probandinnen, wo sie lieber warten würden: Alle warteten lieber vor einem bunten Wandbild als vor einer leeren Fassade.

Schön (und entzückend) ist also, was symmetrisch ist. Schön ist, was interessant ist. Schön ist außerdem, was vertraut ist. Der sogenannte *mere-exposure effect* beschreibt, dass wir Dinge, die wir zunächst neutral beurteilen, positiver se-

hen, nachdem wir ihnen öfter ausgesetzt waren. Ein Grund dafür könnte sein, dass unser Gehirn weniger Verarbeitungsaktivität benötigt, wenn es einen Reiz einordnet, der ihm bereits vertraut ist – das gibt uns ein gutes Gefühl. Aus dem Alltag dürfte uns vor allem ein Beispiel für den Mere-Exposure-Effekt bekannt sein: Mode. Obwohl im Nachhinein fast jeder Modestil lächerlich wirkt, folgen die meisten den Trends – auch wenn ihre Reaktion zuweilen zeitverzögert kommt, weil sie sich erst daran gewöhnen müssen. Über „Hochwasserhosen" spottete man bis vor wenigen Jahren, jetzt sind die kurzen Hosenbeine schick. In der Renaissance zupften sich die Frauen den Haaransatz, um eine hohe Stirn zu erhalten – heute undenkbar. Und 1000 vor Christus verschönerten die Männer ihre Bärte mit Flechtfrisuren.

Dazu passt die Forschung eines Teams um die Neurowissenschaftlerin Laura Germine. Es untersuchte das Schönheitsempfinden von Zwillingspaaren. Überraschenderweise ähnelten sich eineiige Zwillinge in ihren Urteilen nicht mehr als zweieiige. Nicht die Genetik war also für ihren Geschmack entscheidend, es waren die individuellen Erfahrungen. Was uns gefällt, hängt also wesentlich davon ab, was wir – ganz persönlich – gesehen und erlebt haben. Es wird immer ein bisschen geheimnisumwoben bleiben. Und das ist doch auch irgendwie – schön. ■

ZUM WEITERLESEN

Colin Ellard: Places of the Heart. The Psychogeography of Everyday Life. Bellevue Literary Press, New York 2015

Daniel Haag-Wackernagel: Die Biologie der Attraktivität. Uni Nova, 116, 2011, 11–14

Clemens Schwender u. a. (Hg.): Evolutionäre Ästhetik. Pabst Science Publishers, Lengerich 2017

Alle Quellen zu diesem Beitrag finden Sie auf unserer Website: psychologie-heute.de/literatur

Traumatische Geburt

Immer wieder berichten Frauen von Traumata nach der Entbindung.
Vereinzelt mag das am Arzt liegen. Doch es gibt auch psychische
Gründe – und die Geburt an sich

Text: Susanne Donner // Illustrationen: Marianna Gefen

Es war eine „fürchterliche erste Geburt mit extremen Schmerzen, die in einem ungewollten Kaiserschnitt endete", erinnert sich Mascha Grieschat. Die zierliche Frau mit langen braunen Haaren, dreifache Mutter und Lehrerin, gründete auf diese Erfahrung hin 2013 die „Initiative für eine gerechte Geburt" und startete die Kampagne „Roses Revolution" in Deutschland. Im Rahmen dieser weltweiten Bewegung legen Frauen, die Gewalt unter der Geburt erlebt haben, jeweils am 25. November eines Jahres eine rote Rose vor den betreffenden Kreißsaal. Grieschat brachte damit hierzulande maßgeblich eine gesellschaftliche Diskussion über die Zustände während der Entbindung in Gang. Fast 15 000 Abonnenten und Abonnen-

tinnen weist die Facebookseite von Roses Revolution Deutschland auf. Es sind also beileibe nicht nur einzelne Eltern, die sich der fundamentalen Kritik anschließen.

„Ich bekomme durchgehend schlimme Geschichten geschildert, viele hundert Mails pro Jahr", sagt Grieschat. „Schockierende Berichte über den Kristellerhandgriff beispielsweise." Bei dieser Technik presst die Geburtshelferin ihre Hand außen auf den Bauch der Gebärenden, so soll das Kind schneller durch den Geburtskanal gelangen. „Der Handgriff ist eigentlich für Mehrfachgebärende gedacht, deren Gebärmuttermuskulatur erschlafft ist. Aber er wird bei Erstgebärenden zur Beschleunigung der Geburt angewandt. Dabei passieren schlimmste Verletzungen", kritisiert Grieschat. Kaiserschnitte würden zu oft ohne Aufklärung und Mitsprache der Gebärenden entschieden, ebenso Dammschnitte. Und in den meisten Krankenhäusern betreue ein Geburtshelfer mehrere entbindende Frauen gleichzeitig. „In einem Moment größter Schutzbedürftigkeit werden Frauen allein gelassen. Das ist strukturelle Gewalt und kann traumatisch sein", sagt sie.

Nun ist die Geburt für gewöhnlich ein Lebensereignis, dem werdende Eltern mit Vorfreude entgegensehen. Aber natürlich gibt es Risiken, und so wird die Freude vielleicht von einem leisen Bangen begleitet. Auch der Schmerz löst eine diffuse Furcht aus, vor der ersten Geburt ist er eine unbekannte Größe und vor jeder weiteren rufen die vorausgehenden Geburten die Erinnerung daran wach. Auch von der Wochenbettdepression mag man schon gehört haben. Dass das Erleben im Kreißsaal traumatisch sein könnte, spielt im Vorfeld meist eine untergeordnete Rolle.

Traumatische Geburtsverläufe untersuchen nur einige Dutzend Studien weltweit. Dabei zeigte sich, dass traumatische Symptome nach der Geburt gar nicht so selten sind. Die mit Abstand größte Erhebung aus Deutschland ist schon mehr als zwei Jahrzehnte alt, seitdem mag sich einiges geändert haben, doch da neuere Erhebungen hierzulande nicht folgten, berufen sich viele Expertinnen nach wie vor darauf. Die Universitätsfrauenklinik Bonn hatte 424 Frauen befragt, die in den Jahren 1997 und 1998 entbunden hatten. Jede sechste kämpfte im Wochenbett mit Ängsten infolge der Entbindung. Etwa jede achte erlebte die Geburt im Geiste noch einmal – das zeugt von der Wucht des Ereignisses, losgelöst davon, ob sie schön oder schlimm verlief. Fast genauso viele fühlten sich niedergeschlagen und kraftlos. Ein kleinerer Anteil hatte Albträume von der Geburt.

Einen ähnlichen Eindruck gewann die Krankenschwester und Gesundheitswissenschaftlerin Sarah De Schepper vom *Karel de Grote University College* in Antwerpen 2016. Sie befragte 229 Gebärende in der ersten und dann noch mal in der sechsten Woche im Wochenbett nach ihrem Befinden. Ein Viertel stand kurz nach der Entbindung unter deren emotionalem Echo: Die Frauen erlebten diese in Episoden wieder, hatten Flashbacks oder wurden in Träumen davon eingeholt. Bis zur sechsten Woche schrumpfte der Anteil derer, die diese belastenden Erinnerungen heimsuchten, auf 20 bis 13 Prozent.

Die Angaben der Mütter unterstreichen, dass „eine Geburt immer eine gewaltige Erfahrung ist", sagt Almut Dorn. Die Psychotherapeutin promovierte 2003 basierend auf der Bonner Erhebung zu den Ursachen des Geburtstraumas. Mittlerweile bietet sie in ihrer Praxis in Hamburg Psychotherapie für Betroffene an sowie Supervision für Hebammen: „Die Geburt ist mit Schmerzen und Überforderung verbunden – schon aus anatomischen Gründen." Das Baby mit einem Kopfumfang von durchschnittlich 35 Zentimetern muss mit Muskelkraft aus der Gebärmutter und durch den Geburtskanal ans Licht der Welt gepresst werden. Das ist eine körperliche und seelische Grenzerfahrung, die regelhaft viele Stunden einnimmt. Üblicherweise erholt man sich davon jedoch wieder. Manchmal kann sich die Frau danach sogar gestärkt fühlen. Nicht normal ist, wenn sich traumatische Symptome, zum Beispiel Ängste und wiederkehrende Erinnerungen, zur dauerhaften Krankheit entwickeln, einer sogenannten posttraumatischen Belastungsstörung (PTBS).

Die kalte Liege, das Klappern des OP-Bestecks

Blickt man genauer auf den Begriff des Geburtstraumas, fällt auf, dass zwar viele Frauen (etwa jede fünfte) nach einer Geburt traumatische Symptome beklagen, aber nur wenige eine manifeste PTBS entwickeln. Je nach Studie gibt es andere Zahlen: In der Bonner Erhebung war es nur ein Prozent der Frauen, die die Diagnosekriterien erfüllten. Als der Gynäkologe Christian Marth von der Universitätsklinik für Frauenheilkunde Innsbruck 2012 eine Umfrage unter Frauen machte, die bereits mehrfach entbunden hatten, zeigten acht Prozent von ihnen eine PTBS. Zuletzt legten britische Forscher 2016 eine Gesamtschau vor: Sie analysierten 50 Studien aus 15 Ländern an etwas mehr als 21 000 Frauen. Etwas mehr als drei Prozent erlitten infolge der Geburt eine PTBS. Die Wochenbettdepression ist etwa viermal so häufig.

„Typisch für eine traumatische Geburtserfahrung sind Nachhallerinnerungen", erklärt Dorn. Der Verlauf der Entbindung taucht in Bildern immer wieder so eindrücklich vor dem geistigen Auge auf, dass es sich für die Frauen so anfühlt, als würden sie die Geburt noch einmal erleben. Sie spüren wieder die kalte OP-Liege an ihrem Rücken, hören das Klappern des OP-Bestecks für den Dammschnitt. Sätze, die eine Hebamme oder ein Arzt sagte, ertönen in ihrem Kopf. Sie müssen sich vielleicht sogar wieder erbrechen oder bekommen Atemnot wie unter der Geburt. In der Nacht plagen sie Albträume mit dem einschneidenden Erlebnis.

Frauen, die die Entbindung als Grauen erlebt haben, vermeiden es, darüber zu sprechen, das nennt Dorn als ein weiteres Charakteristikum. Sie wollen auch nicht die Geburtsberichte anderer Frauen hören und bleiben mitunter Krabbelgruppen und anderen Treffen fern, bei denen diese ein Thema sein könnten. Einige umfahren weiträumig das Krankenhaus, in dem ihr Kind zur Welt kam, um dem Schrecken zu entrinnen. Hinzu kommen Symptome, wie sie auch bei einer Wochenbettdepression auftreten: ausgeprägte Ängste und Depressionen, das Gefühl, keine gute Mutter zu sein, der Rückzug von Freundinnen und Familie. „Das Gefährliche

ist: Im schlimmsten Fall vermeiden sie das Kind als Traumaverursacher", führt Kerstin Weidner aus. Sie ist Professorin für Psychosomatik und Psychotherapie und erforscht am Universitätsklinikum in Dresden Traumata im Kontext von Entbindungen. „Die betroffenen Mütter versorgen zwar ihr Baby körperlich, entwickeln aber keine gute emotionale Bindung."

Aber woran liegt es nun, wenn eine Geburt ein Trauma hinterlässt? „Was objektiv passiert ist, also dass eine Saugglocke zum Einsatz kam, es hektisch wurde oder gar ein Notkaiserschnitt gemacht wurde, deckt sich nicht unbedingt mit dem traumatischen Erleben der Frauen", sagt Dorn. Die dokumentierten Eingriffe erklären die psychische Verfassung der Frauen nicht in dem Maße, wie man es annehmen könnte. Das konnte sie in ihrer Doktorarbeit an den 424 Frauen, die an der Universitätsklinik Bonn entbunden hatten, nachvollziehen. „Wir haben die Mutter, die ganz dankbar ist, obwohl sogar die Geburtshelfer die Geburt schrecklich fanden. Und wir haben Frauen, bei denen das medizinische Personal den Verlauf als ganz normal wahrgenommen hat, die sich aber völlig im Stich gelassen und wie ‚ein Stück Fleisch' behandelt fühlen", berichtet die Psychologin.

Entscheidend ist das subjektive Geburtserleben, also die Wahrnehmung der Frau. Empfand sie die Entbindung als schrecklich, ist die Gefahr einer traumatischen Erfahrung besonders groß. Das subjektive Erleben sagt den Studien zufolge am ehesten eine posttraumatische Belastungsstörung vorher. „Der Schlüssel ist dabei die Betreuung", führt Dorn aus. „Wenn die Frau sich gut umsorgt gefühlt hat, können heftige medizinische Eingriffe schlicht als notwendig erlebt werden. Hat die Frau sich schlecht betreut gefühlt, rutscht das gesamte Erleben auf die negative Seite." Frauen, die eine traumatische Geburt schildern, empfanden sich im Kreißsaal hilflos und ausgeliefert, ergänzt Weidner. Der Verlust der Kontrolle bedingt dann ein insgesamt negatives Geburtserleben. Somit kommt es sehr wohl auf den Verlauf der Geburt an, aber vornehmlich auf den Umgang und die Fürsorge, weniger auf die Eingriffe an sich.

Problematisch sei, so Dorn, dass viele Frauen die Geburt heutzutage überwiegend allein oder nur mit ihrem Partner zubringen, weil die Hebammen mehrere Gebärende gleichzeitig betreuen und nebenbei noch dokumentieren. Dann und wann schauen sie nach der Schwangeren und reden in kurzer Zeit das Nötigste. „Ich erlebe, dass die Frauen einzelne Sätze dann minutiös wiedergeben", so Dorn. „Aber vonseiten der Geburtshelfer wird dies oft nicht bedacht und nicht empathisch genug kommuniziert." Es mache einen großen Unterschied, ob diese sagen: „Ich gebe Ihnen noch eine Stunde und dann schauen wir mal", oder: „Ich habe den Eindruck, Sie sind sehr erschöpft. Sollen wir gemeinsam über einen Kaiserschnitt nachdenken?"

Kerstin Weidner erweitert die Bedeutung der Kommunikation. „Sätze wie: ‚Schreien Sie nicht so, ist doch gleich vor-

Im Geist erleben Betroffene die Entbindung immer und immer wieder

bei', können die Sätze eines früheren Peinigers sein und Retraumatisierungen bei Frauen auslösen, die Opfer von sexuellem Missbrauch sind", erklärt sie. 37 Prozent aller Frauen hierzulande sind schon einmal körperlicher Gewalt ausgesetzt gewesen und 13 Prozent mindestens einmal sexualisierter Gewalt, erhob das Bundesministerium für Familie, Senioren, Frauen und Jugend. Weidner setzt sich deshalb dafür ein, dass Frauen schon in der Schwangerschaft nach Gewalterfahrungen gefragt werden. Das geschieht derzeit selten. Wenn dann ein männlicher Geburtshelfer eine gynäkologische Untersuchung durchführt oder das Personal zu einer bestimmten Gebärposition auffordert, kann das ein Trigger sein und eine Retraumatisierung auslösen.

Wie sehr die Betreuung und die Kommunikation das Geburtserleben kolorieren, erfuhr auch Sarah De Schepper in den Telefoninterviews mit 229 Frauen. Jene, die während der Entbindung Gelegenheit hatten, Fragen zu stellen, und denen die Hebamme das Gefühl gab, dass alles gut verlaufe, hatten weitaus seltener ein traumatisches Geburtserleben. „Die Betroffenen brauchen das Gefühl, selbstwirksam zu sein und dass alles unter Kontrolle ist."

Wenn Fragen offenbleiben, wirkt sich das jedenfalls negativ auf die Verarbeitung des Geschehens aus. Das ist ein weiterer Risikofaktor für ein belastendes Geburtserleben, sagt Dorn unter Berufung auf ihre Doktorarbeit. Sehr hilfreich sei deshalb ein Nachgespräch, auch wenn die Frauen das im ersten Reflex ablehnen sollten. „Es gibt einen widerstreitenden Effekt zwischen ‚Ich will es vergessen' und ‚Ich kann es nicht vergessen'. Das durchzusprechen hilft meiner Erfahrung nach sehr."

Dass die Begleitung der Geburt über das subjektive Geburtserleben entscheidet und dieses so zentral ist, darf nicht darüber hinwegtäuschen, dass auch die Lebensumstände der Frau und ihre Persönlichkeit eine Rolle spielen. In De Scheppers Erhebung waren unter den Traumatisierten häufiger Frauen mit geringem Einkommen. Das kann ein höheres Ausmaß an Alltagsstress bedeuten. Auch hatte die Gruppe der Traumatisierten zuvor öfter als die Übrigen schon einmal einen Psychotherapeuten aufgesucht. „Vorausgegangene psychische Erkrankungen sind ganz klar ein Risikofaktor, eine Geburt traumatisch zu erleben", sagt Weidner. Traumatisierungen können wieder aufflammen; Depressionen und Angsterkrankungen können die Seele unter der Grenzerfahrung der Geburt verletzlicher machen. Auch eine ausgeprägte Geburtsangst wirkt in dieser Weise. Die meisten Studien arbeiten den Einfluss der seelischen Verfassung vor der Geburt deutlich heraus.

Spielen indes die medizinischen Eingriffe gar keine Rolle? „Doch", entgegnen die Forscherinnen. „Es ist vor allem der sekundäre Sectio, also der Kaiserschnitt, der unter der Geburt entschieden wird, der ein Problem für die Frauen sein kann", sagt Weidner. Der Grund sei aber weniger der Eingriff an sich als die damit verbundenen Vorstellungen und Umstände. Der sekundäre Sectio wird meistens in kurzer Zeit von einem Arzt über den Kopf der Frau hinweg entschieden. Selten fühlen sich Schwangere – in diesem Moment in völlig erschöpftem Zustand – in diese Entscheidung ernsthaft einbezogen. Außerdem muss die Frau die Kontrolle abgeben und ihr Kind unter Narkose zur Welt bringen. Sie kann den entscheidenden Moment also nicht selbsttätig und natürlich miterleben. Meist widerspricht das dem Wunsch und der Erwartung des Paares. Das bringt Enttäuschung mit sich. Oft fühlt sich die Schwangere selbst als Versagende, weil ihr keine Spontangeburt gelang. „Schuld und Scham sind dann ein großes Thema", sagt Dorn.

Die Erwartungen und die Vorstellungen von einer Geburt beeinflussen ganz generell maßgeblich das Erleben. „Viele Frauen haben heutzutage die Idee einer schönen oder sanften Geburt", meint Barbara Maier, Fachärztin für Geburtshilfe. „Das ist ein Missverständnis: Das Kind soll sanft empfangen werden, aber die Austreibung selbst ist harte Arbeit, wie der

Der Geburtsschmerz hat auf einer Skala von 1 bis 10 die 10. Da gibt es nichts zu beschönigen.

Doch genau das tut unsere Gesellschaft

treffende englische Begriff *labour* besagt." Die Vokabel, die wir meist mit „Arbeit" übersetzen, steht auch für die Wehen.

Maier zufolge greift die Kritik an mangelnder Betreuung und Kommunikation in den Kreißsälen zu kurz. „Wir haben bei uns an der Universität Wien eine Eins-zu-eins-Betreuung und immer Nachgesprächsangebote. Und trotzdem beobachte ich auch etwas anderes: Es gibt im Netz sehr viel zu lesen über das Gebären, aber es gibt einen Verlust existenziellen Wissens in unserer Gesellschaft. Eine Geburt ist wie ein Aufstieg zum Großglockner. Das ist anstrengend. Man glaubt, man kann nicht mehr. Und wenn es gar nicht mehr geht, ist das Kind da – hoffentlich."

Und noch ein anderes Phänomen trägt Maier zufolge zu negativen Geburtserfahrungen bei: „Wir sind in unserer Gesellschaft immer weniger bereit und gewöhnt, Schmerzen auszuhalten und Herausforderungen aktiv anzupacken. Der Geburtsschmerz hat nun einmal die 10 auf einer Skala von 1 bis 10. Da gibt es nichts zu beschönigen", sagt sie. Maier erinnert sich an eine Frau, die kürzlich entband und bei der ersten Wehe nach einer Periduralanästhesie verlangte. „Irgendwann fragte sie mich: ‚Kann ich auch etwas tun?'", sagt Maier. „Ja, aktiv mitgebären!"

Die Verklärung der Geburt hat auch mit einer Sprachlosigkeit in der Gesellschaft zu tun. Geburtsberichte bleiben oft oberflächlich und wenig eindrücklich. Es sei mit großer Scham behaftet, zu gestehen, dass man sich überfordert gefühlt habe, und Details preiszugeben, etwa dass man sich während der Geburt erbrochen habe und Angst hatte, dass nicht alles normal sei. „Viele Frauen sagen nachher einfach, was von ihnen gesellschaftlich erwartet wird. Und Frauen, die noch kein Kind haben, sagen sie auch deshalb nichts, weil sie ihnen keine Angst machen wollen", weiß Dorn. „Dass Schwangere in der Ausnahmesituation der Geburt auch das medizinische Personal beißen, schlagen und treten, darüber spricht übrigens niemand. Gewalt gibt es aber auch umgekehrt!"

Zugleich sind die Risiken einer Geburt oft wenig gegenwärtig. War die Entbindung einst ein gefährliches Ereignis für Mutter und Kind und ist es in Gesellschaften mit schlechterer medizinischer Versorgung noch heute, so ist die Gefahr, dass die Schwangere oder das Baby im Kreißsaal hierzulande stirbt, äußerst gering. Vier von tausend Babys kommen jährlich tot zur Welt. Das liegt daran, „dass Geburtshelferinnen in Sekunden entscheiden, ob Empathie mit der Mutter gefragt oder die Sicherheit des Kindes vorrangig ist", sagt Weidner. Ist es nur kurze Zeit von der Nährstoffversorgung abgeschnitten, kann es bleibende Schäden davontragen. Besonders in der Austreibungsphase kann es um Minuten und Sekunden gehen. Wenn das Baby nur mit schnellem Handeln lebend und gesund geboren werden kann, kann das einen heftigen und unerklärten Eingriff gegenüber der Mutter rechtfertigen, wenn er wenigstens im Nachgang besprochen wird. „Deshalb bin ich vorsichtig mit der Bezeichnung *Gewalt unter der Geburt*", resümiert Weidner.

Grieschat sieht das anders. Ihrer Einschätzung nach werden die Eingriffe, auch der Kristellerhandgriff, oft vorschnell und ohne die Frau einzubeziehen angewandt, um Zeit und damit Geld zu sparen. So kann die Geburtszeit verkürzt und der Kreißsaal schneller wieder belegt werden. Richtig ist, dass Krankenhäuser pauschal je Geburt und dann zusätzlich für jeden Eingriff abrechnen und Gelder erhalten. Es bestehen also durchaus finanzielle Anreize, den Geburtsprozess zu beschleunigen.

Grieschats zweites Kind kam zu Hause zur Welt. „Das hat mir ganz viel Kraft gegeben", berichtet sie. „Die Schmerzen waren kein Vergleich mit der ersten Entbindung." Wegen starker Blutungen musste sie danach allerdings mit dem Rettungswagen ins Krankenhaus gebracht werden, weil sich die Plazenta nicht ablöste. „Das klingt für viele bestimmt schrecklich. Für mich war es eine positive Geburt." ∎

ZUM WEITERLESEN

Hans Neumann, Barbara Maier: Geburt positiv erleben. Chancen und Grenzen moderner Entbindungsmöglichkeiten. Springer, Berlin 2019

Kerstin Weidner u.a.: Traumatische Geburtsverläufe: erkennen und vermeiden. Zeitschrift für Geburtshilfe und Neonatologie, 222, 2018, 189–196

Alle Quellen zu diesem Beitrag finden Sie auf unserer Website: psychologie-heute.de/literatur

Training im Schlafcamp

4 Arten, wie uns das nächtliche Träumen am Tage hilft

Text: Anna Gielas
Illustration: Till Hafenbrak

Mal sind sie schön, mal bedrohlich, mal peinlich. Die Träume, die uns im Schlaf heimsuchen, geben der Forschung einige Rätsel auf. So sind sich die Wissenschaftlerinnen und Wissenschaftler beispielsweise noch immer nicht einig, wieso die bildreichen Schlafstrecken überhaupt existieren. Aber da Träume den Menschen bereits seit seiner evolutionären Entstehung zu begleiten scheinen, sprechen Forschende ihnen elementare Funktionen zu. So auch Susan Llewellyn, emeritierte Professorin an der *University of Manchester*. Sie geht den Nachtbildern in ihrem aktuellen Buch *What Do Dreams Do?* nach und beschreibt die vermuteten Funktionen von Träumen und wie diese den Alltag des früheren und heutigen Menschen womöglich prägten und prägen.

1 Überleben

„Ursprünglich träumten wir, um zu überleben", schreibt die Forscherin – und beruft sich unter anderem auf die sogenannte Bedrohungssimulationstheorie (*threat simulation theory*). Dieser Hypothese zufolge sind Träume ein Übungsfeld für verschiedene Bedrohungsszenarien – und für richtige, aber auch falsche Reaktionen in diesem Szenario. Etwa wenn der oder die Schlafende von einer Lebensgefahr träumt und fliehen sollte, aber nicht vom Fleck kommt. Der Albtraum macht allzu deutlich, wie wichtig eine zeitige Flucht ist – und diese nächtliche Warnung, so die Vermutung, hat unseren fernen Vorfahren das Überleben erleichtert.

Das Träumen soll den frühen Menschen auch in anderer Hinsicht auf seine gefährliche Umwelt vorbereitet haben: „Es diente als ein Übungsfeld für das lebenswichtige Erkennen von Mustern", so Llewellyn. Das menschliche Gehirn sei darauf ausgelegt, in seiner Umgebung Muster und Regelmäßigkeiten zu erkennen. Etwa dass dunkle Wolken einen schweren Gewittersturm ankündigen. Auf diese Weise kann der Mensch in einer scheinbar chaotischen Umwelt künftige Ereignisse voraussehen und sich auf sie einstellen. Laut Llewellyn könnten Traumszenarios den frühen Menschen dabei geholfen haben, kausale Zusammenhänge und Regelmäßigkeiten im wachen Zustand besser und schneller zu erkennen.

Nun leben wir als Homo sapiens bekanntlich seit geraumer Zeit in einer weitgehend selbsterschaffenen Umgebung, die sich von der unserer Vorfahren erheblich unterscheidet. In unseren Städten lauern keine Raubtiere und die Wettervorhersage übernimmt der Wetterbericht. Doch auch in der Zivilisation hat das Träumen seinen Sinn nicht verloren, meint Llewellin: „Heutzutage scheinen viele Träume der Vermeidung soziokultureller Fehler zu dienen,

die uns beispielsweise aus der Gesellschaft ausschließen könnten." Ein solcher Ausschluss aus der Gemeinschaft war für Menschen schon immer ein bedrohliches Szenario. Vielleicht träumen wir deshalb häufig von sehr peinlichen Situationen – um diese im Wachzustand effektiver zu meiden.

2 Erinnern

Im Schlaf festigt sich die Erinnerung an das jüngst Gelernte. Im Fachjargon spricht man von „Gedächtniskonsolidierung". Netzwerke von Nervenzellen im Gehirn werden in einer bestimmten Reihenfolge aktiviert und – wenn dies häufiger geschieht – dauerhaft miteinander verbunden. Diese Verbindungskonstellationen entsprechen dann einem bestimmten Gedächtnisinhalt.

Forschende haben Belege dafür gefunden, dass frisch Gelerntes im Schlaf im Gedächtnis konsolidiert wird – vor allem im traumlosen Tiefschlaf.

Doch das Träumen könnte auch die Funktion einer spezifischen Gedächtnisstütze haben, vermutet Sue Llewellyn. Sie sieht Parallelen zwischen dem bildreichen Träumen und den komplexen Mnemotechniken, derer sich die Gedächtnismeister im wachen Zustand bedienen. „So beruhen die Tricks und Eselsbrücken der Gedächtnismeister primär auf der Visualisierung – deutlich weniger auf den anderen Sinnen", schreibt sie. Dabei seien fantasiereiche Bilder entscheidend für die Erinnerungsprofis – ähnlich ausgefallen seien die Träume der meisten Menschen, so Llewellyn.

3 Entscheiden

Bei der beliebten Empfehlung „Schlaf mal eine Nacht drüber" könnte es um mehr gehen als um bloße Bedenkzeit: Träume scheinen den Entscheidungsprozess zu bereichern. Das legen einige Studien nahe. Sie dokumentieren unter anderem, dass das Gehirn während des Träumens einen besseren Zugriff auf frühere Erinnerungen zu haben scheint als im Wachzustand. „Außerdem stellt das Gehirn während des REM-Schlafes, in dem sich die meisten Träume abspielen, komplexe Assoziationen zwischen den individuellen Erfahrungen und dem Wissen der Schlafenden her", schreibt Llewellyn. Durch dieses unbewusste Kombinieren könnten die Träume uns bei der Entscheidungsfindung helfen, so ihre Mutmaßung. „Denn immerhin vollziehen sich 95 Prozent unserer Denkprozesse unbewusst."

4 Kreativ sein

Kreativität umfasst unter anderem die Fähigkeit, etwas neu zu interpretieren, indem man es in seine Elemente zerlegt und diese Einzelteile auf unerwartete Weise kombiniert. „Diese Definition von Kreativität ähnelt den Traumprozessen", schreibt Llewellyn. Hier werden unsere vergangenen Erfahrungen und unser Wissen zerlegt und neu zusammengesetzt. Diese assoziativen Vorgänge scheinen die Kreativität zu fördern.

Das dokumentierte beispielsweise ein Forschungsteam an der *Harvard Medical School*: Wurden die Probandinnen und Probanden aus dem Traumschlaf geweckt und vor eine Assoziationsaufgabe gestellt, kamen ihnen ausgefallenere Assoziationen als sonst. Beim Stichwort „Tisch" fiel beispielsweise einem verschlafenen Teilnehmer „Altar" statt einer wacheren, konzentrierteren Antwort wie „Stuhl" ein. Den frisch Aufgeweckten fiel es außerdem leichter, weniger offensichtliche Verbindungen herzustellen – so etwa die Stichwörter „sinken", „Staub" und „Schauspieler" mit dem Begriff „Stern" (*star*) zu assoziieren.

„Kreative Menschen berichten oft, dass sie gerade dann assoziative Einsichten und neue Ideen haben, wenn sie in einem unkonzentrierten, entspannten, gar verträumten Wachzustand sind", schreibt Llewellyn. So sind wir möglicherweise verträumt besonders kreativ – mitten in der Nacht, aber auch am helllichten Tag. ∎

ZUM WEITERLESEN
Sue Llewellyn: What Do Dreams Do? Oxford University Press, Oxford 2020

Dieses mädele sollte sich mal gscheit ..f ..en lassen damit es mal au andere gedanken kommt..

Gefällt mir · Antworten · 12 Wo.

Ab in die Türkei . Bei denen hat er noch nen Kaffee offen. Oder ist er etwa doch nen Kinder fi....

Gefällt mir · Antworten · 15 Wo.

Das Wort das mir für diesen Menschen einfällt: was für ein A....loch. Ich bin absolut gegen Gewalt und das wird immer so bleiben. Doch dieser Person wünsche ich das er im Tode wie ein Schwein quietscht und das sehr sehr lange.

Gefällt mir · Antworten · 4 Tage

Die kann man nur noch beschimpfen das Stück..... Das.... Die .. zu eine be.....

Gefällt mir · Antworten · 1 Tage

arrogantes A...loch !

Gefällt mir · Antworten · 2 Tage

Hurensohn

Gefällt mir · Antworten · 1 Tage

In die Anstalt mit Ihm!

Gefällt mir · Antworten · 5 Tage

DRECKSPACK

Gefällt mir · Antworten · 12 Wo.

Würde irgendjemand solche Beschimpfungen wie hier bei Twitter persönlich auf der Straße äußern – und es bliebe ohne Folgen?

Im Fokus:
Digitale Gewalt

Volksverhetzung, Vergewaltigungsandrohungen, Verstümmelungsfantasien: Alltag im Internet und meist ohne jegliche rechtliche Konsequenz. Anna-Lena von Hodenberg erklärt, was man dagegen tun kann

Interview: Jana Hauschild

Frau von Hodenberg, vor dem Internetzeitalter war es untypisch, anderen seine Meinung mit üblen Schimpfworten gespickt direkt an den Kopf zu werfen oder dass ein Mann Fotos von seinem Penis per Post an fremde Frauen verschickt. Heute ist beides ein Massenphänomen – im Internet. Warum?

Wenn in einem bestimmten Viertel in einem Haus eine Fensterscheibe eingeschmissen wurde und das bleibt so, dann werden Sie beobachten, dass nach und nach auch bei anderen Häusern Scheiben eingeschlagen werden und das ganze Viertel so langsam herunterkommt. Das ist die *broken windows theory* aus der Soziologie, die auch im Internet zu greifen scheint. Da wird an einer Stelle eine bestimmte Grenze überschritten, und wenn es dafür keine ablehnende Reaktion gibt, setzt sich das Verhalten fort. Ein Mann postet ein Penisfoto und es gibt keine Reaktion. Das heißt für den Absender: Mein Verhalten ist okay. Dann wird die erste Vergewaltigungsdrohung gepostet – auch keine Reaktion. Also scheint das auch in Ordnung. Es folgt eine Morddrohung, keine Reaktion, somit scheint das ebenfalls okay zu sein. Die Täterinnen und Täter überschreiten immer wieder Grenzen und schauen, was in diesem neuen Raum, der uns mit dem Internet zur Verfügung steht, erlaubt ist.

Gelten online also andere Regeln für die Menschen als im Analogen?

Das Schlimme ist, dass es eben nicht so ist. Wir haben vernünftige Gesetze, die genauso im Internet gelten. Überlegen Sie mal, wie das ist, wenn Sie auf der Straße entlanglaufen und einer entblößt seinen Penis. Im Internet herrscht zudem nicht nur ein scharfer Ton, zum erheblichen Teil finden sich in sozialen Medien illegale Äußerungen, zum Beispiel massive Beleidigungen und Bedrohungen. Das sind alles Straftaten, auch wenn sie online geschehen. Wenn ein Mann Ihnen ein Penisfoto schickt, dann ist das eine Nötigung und ebenfalls strafbar. Es gibt all diese Gesetze, die im „normalen Leben" gelten und im Internet lange nicht durchgesetzt wurden. Volksverhetzung, Vergewaltigungsandrohungen, Verstümmelungsfantasien: Das alles ist bisher in Foren und auf Plattformen stehengeblieben. Wir haben hier ein massives Problem, das im Zuge der Digitalisierung entstanden ist. Es ist alles so schnell gegangen, dass sowohl die Polizei als auch die Justiz überhaupt nicht hinterhergekommen sind.

Anna-Lena von Hodenberg
ist Gründerin und Geschäftsführerin von HateAid. Die Organisation berät kostenlos Menschen, die von Hass und Hetze im Internet betroffen sind (hateaid.org)

Welche Folgen sehen Sie?

Es setzt eine Normalisierung ein. Wenn Betroffene zur Polizei gegangen sind und dort nicht viel geschehen ist, dann erhalten die Betroffenen das gleiche Signal, das auch den Täterinnen und Tätern gesandt wurde, nämlich dass deren Verhalten in Ordnung ist. Plötzlich sagen Betroffene, die zu uns in die Beratung kommen: „Wenn ich im Internet unterwegs bin, dann ist das eben der normale Umgang, damit muss ich rechnen." Oder: „Das sehe ich doch jeden Tag im Netz, das ist doch was Alltägliches." Betroffene finden mittlerweile sogar illegale Inhalte zum Teil normal. Die Folge ist eine Enthemmung und Verrohung. Wenn Sie dem nichts entgegensetzen, so wie Sie das in anderen Bereichen im Leben machen würden, dann nimmt das seinen Lauf. Und so kommen Sie an den Punkt, an dem wir jetzt sind, wo eine große Differenz zwischen dem herrscht, was im Analogen und was im Digitalen passiert.

Sie sprechen sogar von „digitaler Gewalt". Was meinen Sie damit?

Viele reden von *Hatespeech* oder *Hass im Netz*, aber digitale Gewalt, also das, was wir in der Beratung bei *HateAid* erleben, ist mehr. Wir fassen darunter alle Formen von Gewalt zusammen, die auf digitalen Geräten wie Smartphones, Laptops, Tablets oder auf dem Computer stattfinden können. Viele denken vor allem an Beleidigung, Bedrohung, Verleumdung. Wir verstehen darunter aber auch Vergewaltigungsandrohungen oder wenn Frauen Fotomontagen geschickt werden, bei denen ihr Kopf auf einen nackten Frauenkörper montiert wurde. Oder wenn Ihre Adresse plötzlich im Internet veröffentlicht wird und darunter steht: „Da wohnt übrigens die Journalistin XY, die das und das geschrieben hat. Könnte man ja mal vorbeigehen und sie besuchen."

Es ist auch digitale Gewalt, wenn ein Ex-Partner seiner ehemaligen Partnerin eine Spyware aufs Handy spielt und sie ausforscht.

Was machen solche Gewalttaten mit den Betroffenen?

Die meisten verspüren eine große Verzweiflung, weil sie sich hilflos fühlen und in einer passiven Situation sind, die für sie völlig unkontrollierbar ist. Manche haben psychische, andere körperliche Symptome. Sie haben Schlafstörungen, verspüren große Nervosität, erleben Panikattacken, Depressionen oder depressive Angstzustände. Wir hatten auch einige Fälle, bei denen es zu Suizidgedanken kam. Das betrifft vor allem Menschen, die lange mit der Bedrohung leben, und Personen, von denen die private Adresse, die der Eltern oder auch die Schule der Kinder im Netz veröffentlicht wurde. Viele von ihnen leben in ständiger Panik, weil sie sich in ihrem eigenen Zuhause nicht mehr sicher fühlen. Bei Menschen, von denen Nacktfotos durchs Netz geistern

„Drecksfotze", so fand das Landgericht Berlin in einem ersten Urteil, sei von der Meinungsfreiheit gedeckt

oder die Verleumdungen ausgesetzt sind, entsteht oftmals eine so große Scham, dass sie sich für Monate zurückziehen, sich selbst isolieren.

Diese Übergriffe sind in Zeiten von Corona ein noch größeres Problem, da wir sehr viel Zeit im Netz verbringen, wo wir eine eigene Identität haben. Wir bewegen uns ja nicht nur in Spielräumen, aus denen wir wieder aussteigen können, sondern aktuell ist die digitale Welt unser Lebensraum.

Wer wendet sich an HateAid?
Gott sei Dank immer mehr Menschen. Anfangs waren es Politikerinnen und Politiker, Journalistinnen und Journalisten sowie Aktivistinnen und Aktivisten. Wir stellen uns bei Twitter und in anderen sozialen Medien aber auch gezielt Gruppen vor, von denen wir wissen, dass sie besonders von Hassverbrechen betroffen sind, wie etwa Muslime oder Mitglieder der LGBT-Community. Eine wichtige Gruppe sind Menschen, die sich im Netz zu *Reizthemen* einsetzen wie Rassismus, Rechtsextremismus, Klimaschutz, Feminismus oder auch Migration. Wir beraten seit zwei Jahren Betroffene und hatten bereits über 600 Klientinnen und Klienten und haben über 350 Verfahren begleitet. Mittlerweile kommen Menschen auch präventiv zu uns, beispielsweise Kommunalpolitiker, weil die Wahlen bevorstehen und sie vorbereitet sein wollen. Sie wissen, dass sie da was abbekommen können, und möchten beraten werden, wie sie sich schützen können.

In den meisten Fällen handelt es sich um Straftaten. Welche Unterstützung erhalten die Betroffenen von Polizei und Gerichten?
Der Umgang mit Betroffenen macht mich immer wieder fassungslos. Wenn sie zu einer Polizeidienststelle gehen, werden sie noch immer häufig nicht ernst genommen oder ihnen wird ge-

sagt, sie sollten einfach ihren Account löschen. Manchen wird vorgeworfen, sie hätten im Internet nicht so provozieren dürfen. „Wenn Sie so was schreiben, müssen Sie sich über die Reaktionen nicht wundern." Das erinnert an die alte Diskussion: Wenn Frauen einen kurzen Rock tragen, müssen sie sich nicht beschweren, wenn sie vergewaltigt werden.

Erstattet die betroffene Person dann trotzdem Anzeige, wird ihr Fall nicht selten wie eine Bagatelle abgetan. Die Staatsanwaltschaft sieht manchmal „nur" eine Beleidigung und nicht, dass diese Beleidigung ein Teil von hundert anderen Beleidigungen ist, die diese Person fast zur gleichen Zeit an diesem Tag bekommen hat – und was das mit einer Person macht. Und selbst wenn die Strafverfolgung anläuft, muss am Ende kein erfolgreiches Urteil stehen, wie wir im Fall von Renate Künast gesehen haben.

Die Politikerin der Partei Bündnis 90/ Die Grünen scheiterte 2019 mit ihrer Strafanzeige gegen einen hasserfüllten Blog-Eintrag gegen sie.
Ja, das war einer unserer bekanntesten Fälle. Mit Frau Künast sind wir vor das Landgericht Berlin gegangen, wo die Kammer dann in einem ersten Urteil tatsächlich Begriffe wie „Drecksfotze" als von der Meinungsfreiheit gedeckt angesehen hat.

Weshalb ist es Ihnen so wichtig, dass die Taten straf- oder zivilrechtlich verfolgt werden?
Wir sind im Moment in einer Situation, in der zum Beispiel Politiker und Politikerinnen so massiv angegriffen werden, dass einige von ihnen sagen: „Wir überlegen, ob wir noch mal kandidieren, weil wir uns das nicht mehr antun können." Sie werden mit Onlinehetze systematisch aus ihren politischen Ämtern herausgetrieben. Wenn Menschen, die sich in diesem Land demokratisch

engagieren, so eingeschüchtert werden, dass sie das irgendwann nicht mehr tun wollen, und dies bei den Behörden der Strafverfolgung nicht angekommen ist, sollte uns das nachdenklich stimmen. Das geht uns alle an. Es gibt diese rote Linie, die man ziehen muss. Das geschieht nur, wenn Täter sehen: Bis hierhin können sie gehen und nicht weiter.

Was weiß man über die Täterinnen und Täter?
Gerade bei Politikerinnen und Politikern haben wir es oftmals mit organisierten Hasskampagnen zu tun. In kürzester Zeit werden viele Beleidigungen und Bedrohungen gepostet oder hasserfüllte E-Mails versandt. Diese organisierten Attacken kommen zum größten Teil aus dem rechten und rechtsextremen Spektrum. Sie verfolgen eine Strategie, die die Alt-Right-Bewegung in den USA vor dem ersten Wahlkampf von Donald Trump entwickelt hat. Dabei wird der politische Gegner eingeschüchtert und es wird versucht, ihn aus dem öffentlichen Diskurs herauszudrängen. Hier geht es nicht darum, Menschen für die Straße zu mobilisieren, sondern im Netz für den sogenannten Infokrieg, also den Krieg um die Informationshoheit und darüber, wer den Ton angibt. Das ist einfacher, denn die sozialen Medien sind leichter zu manipulieren.

Wie läuft das ab?
Die Gruppen treffen sich in bestimmten Foren, zum Beispiel auch auf Gaming-Plattformen wie *Discord*. Sie erstellen in den sozialen Medien falsche Profile. Angenommen sie versammeln 5000 Personen und jeder erstellt fünf falsche Profile, dann haben sie 25 000 Stimmen. Wenn sie denen nun sagen, sie sollen auf der Seite von Person XY zu einer bestimmten Uhrzeit etwas posten, dann posten da in einer Minute 25 000 Personen. So sieht es nach außen zumindest aus. Zehn Minuten später

noch einmal – dann haben Sie schon 50 000 Kommentare. Damit können diese Gruppen Einzelpersonen massiv einschüchtern, aber auch den Algorithmus der Plattform sehr schnell penetrieren. Wenn etwas viel Aufmerksamkeit erregt, wird es auch vielen weiteren Leuten angezeigt.

Welche Hilfen brauchen die Betroffenen dann?

Genau mit dieser Frage habe ich vor zweieinhalb Jahren gemeinsam mit der Organisation *Campact* und dem Verein *Fearless Democracy* die Beratungsstelle *HateAid* gegründet. Unser Ziel war, dass Betroffene sich trauen, die Taten anzuzeigen und vor Gericht zu gehen. Doch die meisten brauchen ein paar Zwischenschritte, bevor sie bereit sind, bei der Polizei eine Strafanzeige zu stellen.

Im ersten Schritt benötigen sie eine emotionale Stabilisierung. Es muss einen Ort geben, an dem sie über diese Gewalterfahrung sprechen können und an dem ihr Erleben und Empfinden bestätigt wird. Denn das Problem, das wir auch aus anderen Bereichen psychischer Gewalt kennen, ist, dass die Opfer kein blaues Auge haben, das eindeutig von einem Übergriff zeugt. Die Menschen brauchen deshalb eine Anlaufstelle, wo ihnen gesagt wird: Ja, das ist eine Gewalterfahrung und du hast jedes Recht der Welt, dich damit auseinanderzusetzen. Manche verweisen wir auch an spezialisierte Psychologinnen und Psychologen weiter.

Welche Zwischenschritte sind den Betroffenen noch wichtig?

Wir bieten eine Sicherheitsberatung an. Dabei prüfen wir, welche privaten Informationen im Internet über die Person zu finden sind, und helfen dabei, Löschanträge bei den Plattformen zu stellen. Zu einigen Betreiberfirmen haben wir mittlerweile einen kurzen Draht. Die Betroffenen erhalten zudem eine Kommunikationsberatung. Also: Wie gehe ich damit um, wenn ich im Internet angegriffen wurde? Ziehe ich mich erst mal zurück? Äußere ich mich, wenn Lügen über mich im Netz erzählt werden? Poste ich etwas und gehe eine Konfrontation mit den Täterinnen ein? Dafür gibt es leider keine klare Antwort. Das passende Verhalten ist auch davon abhängig, was den Betroffenen in ihrer speziellen Situation hilft.

Sie plädieren außerdem für mehr digitale Zivilcourage.

Genau. Wir haben als Kinder noch gelernt, dass man Leute nicht anspuckt, und dass, wenn eine Person das tut, dies ein Verhalten ist, das wir reglementieren. Wenn Sie so was beobachten, dann gehen Sie hin und sagen zum Täter oder zur Täterin: „Hey, was machen Sie da?", Sie rufen vielleicht die Polizei oder Sie kümmern sich um die betroffene Person, der das gerade passiert ist. Diese Form von Moral und Anstand ist im Internet überrollt worden. Wir haben den digitalen Raum nicht so ernst genommen wie den analogen. Uns ist noch nicht richtig bewusst, dass dieser Grundkonsens, wie wir als Gesellschaft miteinander leben und umgehen wollen, auch uns als Bürger der Gesellschaft braucht und wir das im Internet umsetzen müssen. ∎

Alle Aboangebote mit Preisvorteil:

Jahresabo
12 Hefte
nur € 81,90 (statt € 94,80)

14 % günstiger

Testabo
3 Hefte
nur einmal im Jahr bestellbar

nur **€ 16**

Geschenkabo
Der Beschenkte erhält ein Jahr lang
Psychologie Heute. Sie erhalten dafür
von uns ein kleines Geschenk!

Alle Abos auch zum Verschenken

Studierendenabo
12 Hefte
nur € 69,90 (statt € 94,80)

26 % günstiger

Jahresabo plus
12 Hefte + 4 Compact-Hefte
nur € 104,90 (statt € 130,40)

20 % günstiger

App
zuzüglich zu Ihrem Abo erhalten Sie für
nur 1€ mehr je Ausgabe den Zugang zu allen
in Ihrem Abo erschienenen Ausgaben in der App.

nur **€ 1**

Studienplatz

REDAKTION: SUSANNE ACKERMANN

Psychedelika

Es gibt Placeboeffekte

Einzelne psychedelische Wirkstoffe sollen gegen psychische Erkrankungen gute Wirksamkeit gezeigt haben, etwa Psilocybin bei Depressionen. Größere kontrollierte Studien liegen dazu jedoch noch nicht vor. Forscherinnen und Forscher organisierten jetzt eine Untersuchung, um die Wirkung von psychedelischen Substanzen in sehr geringer Dosierung mit der von Placebos zu vergleichen. Das Ungewöhnliche daran: Die 191 Freiwilligen, zu 70 Prozent Männer, waren seit kurzem Konsumenten von Psychedelika und nahmen zwei- bis dreimal pro Woche kleinste Mengen davon ein (*microdosing*). Sie wurden zufällig in drei Gruppen aufgeteilt.

Alle füllten blickdichte Kapseln mit den Psychedelika und ließen eine vorgegebene Anzahl der Kapseln leer. Die Kapseln wurden ebenfalls nach Versuchsplan in Tütchen gepackt und jeweils fünf Tütchen in Umschläge gesteckt. Diese Umschläge wurden gemischt, damit später nicht mehr ersichtlich war, ob eine Kapsel das Psychedelikum oder nichts enthielt. Eine Gruppe nahm vier Wochen lang Placebos, Gruppe zwei nahm zwei Wochen lang Placebos und die dritte Gruppe blieb bei ihren gewohnten Substanzen.

Hinsichtlich der Dosierung machten die Forscherinnen und Forscher keine Vorgaben, auch nicht in Bezug auf die Substanzen selbst. Die Teilnehmenden füllten während der Untersuchungszeit Onlinefragebögen zu ihrem Wohlbefinden, ihren Ängsten oder der Lebenszufriedenheit aus und lösten kognitive Aufgaben. Bei keiner dieser Messungen fanden die Wissenschaftlerinnen und Wissenschaftler Unterschiede zwischen den Gruppen. Allen Teilnehmenden ging es nach der Studie besser.

Balázs Szigeti u.a.: Self-blinding citizen science to explore psychedelic microdosing. E-Life, 2021. DOI: 10.7554/eLife.62878

Persönlichkeit
Authentisch sein

Freundlicher, gewissenhafter oder offener zu sein, als man sich eigentlich gerade fühlt, das ist nicht immer leicht – aber lohnend.

In einer Studie wurden alle Big-Five-Persönlichkeitseigenschaften von rund 240 jüngeren Probandinnen und Probanden erfasst. Sie wurden nach ihrer Stimmung gefragt, ob sie sich müde fühlten und ob sie Mühe hatten, Selbstkontrolle zu bewahren. Die Ergebnisse zeigen: Offenbar lohnt es sich, sich extravertiert, gewissenhaft und freundlich zu verhalten – auch wenn einem gerade nicht danach ist. Es verbesserte bei den Befragten die Stimmung und sie berichteten von weniger Müdigkeit.

Die Schlussfolgerung der Forscherinnen: Vielleicht ist es nicht so wichtig zu wissen, wer wir sind, sondern entscheidender, sich in einem konkreten Moment authentisch zu fühlen. Und das tun wir unter zwei Bedingungen: wenn wir den Eindruck haben, wir können in der Situation entscheiden, und dabei nicht unter Druck stehen – und wenn wir die Möglichkeit haben, uns frei auszudrücken.

Sointu Leikas u. a.: Does counter-habitual behavior carry psychological costs? Journal of Research in Personality, 2021. DOI: 10.1016/j.jrp.2021.104077

Wechseljahre
Stress verstärkt Symptome

Akuter Stress führt womöglich in den Wechseljahren zu stärkeren Symptomen von innerer Hitze und kaltem Schweiß – und soziale Unterstützung hilft nicht dagegen. Dies ergab die Auswertung von Interviews mit mehr als 2700 Frauen zwischen 42 und 54 Jahren, die für eine US-amerikanische Längsschnittstudie zur Gesundheit von Frauen gemacht worden waren.

Drei Wissenschaftlerinnen setzten die verschiedenen Daten miteinander in Beziehung. Dies umfasste zum einen die Ausprägung und Häufigkeit der körperlichen Symptome, zum anderen ob die Frauen Menschen in ihrer Umgebung hatten, denen sie vertrauten, mit denen sie reden konnten und die sie im Fall einer Erkrankung um Hilfe bitten konnten. Darüber hinaus war erfasst worden, ob es bei den Befragten im Verlauf des Jahres vor dem Interview eines oder mehrere von 18 belastenden Lebensereignissen gegeben hatte. Die Frauen gaben dazu auch an, wie sehr sie ein Ereignis persönlich mitgenommen hatte. Je stärker das der Fall war, desto heftiger auch die körperlichen Symptome durch die Wechseljahre.

Megan Arnot u. a.: The relationship between social support, stressful events, and menopause symptoms. Plos One, 2021. DOI: 10.1371/journal.pone.0245444

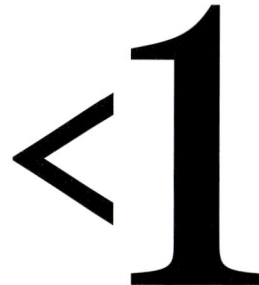

Weniger als eine Sekunde brauchten Nutzerinnen und Nutzer von Dating-Apps, um zu entscheiden, wen sie treffen wollten. Nur zwei Kriterien waren ausschlaggebend: Attraktivität und ethnische Zugehörigkeit. Dies ergab eine Studie. Die Autoren schreiben: Wir fühlen uns nur zu Menschen hingezogen, die uns ähnlich sind, auch hinsichtlich der ethnischen Zugehörigkeit.

William J. Chopik, David J. Johnson: Modeling dating decisions in a mock swiping paradigm: An examination of participant and target characteristics. Journal of Research in Personality, 2021. DOI: 10.1016/j.jrp.2021.104076

WUNSCH UND WIRKLICHKEIT

Wie ist die Wirklichkeit? Um das einzuschätzen, nutzen wir kontrafaktisches Denken – wir fragen uns in Gedanken dauernd, wie es weitergehen könnte oder was wäre, wenn etwas anders gelaufen wäre. Dies zeigen sieben Experimente mit rund 300 Teilnehmenden anhand von kleinsten Unterschieden bei der Lesegeschwindigkeit von diversen Szenarien. Schon allein die Einschätzung der Realität belastet wohl das Arbeitsgedächtnis – bevor wir wissen, was wir uns wünschen.

Orlando Espino, Ruth M. J. Byrne: How people keep track of what is real and what is imagined: The epistemic status of counterfactual alternatives to reality. Journal of Experimental Psychology: Learning, Memory, and Cognition, 2020. DOI: 10.1037/xlm0000965

Glaubwürdigkeit

Schnell antworten

Wenn Sie etwas gefragt werden, dann antworten Sie lieber sofort. Denn wer sich zu viel Zeit lässt, nährt bei anderen offenbar den Verdacht, er oder sie unterdrücke einen ehrlichen Gedanken, verfolge also eine Täuschungsabsicht. Das ist das Ergebnis von 14 Experimenten mit rund 7500 Teilnehmenden.

Diese lasen Szenarios und schauten Videos, die alltägliche Unterhaltungen oder anspruchsvolle Gespräche zeigten. Zu jedem Video oder Text stellten die Forscher den Probandinnen und Probanden eine Reihe von Fragen dazu, wie sie das Antwortverhalten der Protagonisten bewerteten und welche Motive diese für ihre Antworten haben könnten.

Der Effekt, dass die Teilnehmenden aus verzögerten Antworten auf Unglaubwürdigkeit schlossen, fand sich durchgängig. Er fiel ein wenig geringer aus, wenn die Teilnehmenden eine Antwort für sozial unerwünscht hielten oder wenn sie glaubten, die antwortende Person habe sich beim Denken sehr angestrengt.

Ignazio Ziano, Deming Wang: Slow lies: Response delays promote perceptions of insincerity. Journal of Personality and Social Psychology, 2021. DOI: 10.1037/pspa0000250

Aufmerksamkeit

Worauf ist sie gerichtet?

Wenn wir eine andere Person betrachten, versuchen wir offenbar unbewusst, herauszufinden, worauf sie ihre Aufmerksamkeit richtet. Ohne dass wir es merken, erzeugt unser Gehirn dabei ein kleines Bewegungssignal, das uns dabei hilft.

Zwei Wissenschaftler zeigten den Teilnehmenden auf dem Bildschirm zwei genau gleiche grafische Gesichter oder zwei Kompassnadeln, die jeweils von rechts und links auf einen Ball gerichtet waren. Ein für die Teilnehmenden unsichtbarer Punktestrahl in Form eines Pfeils war zudem im Hintergrund implementiert. Die Punkte innerhalb der Pfeilform bewegten sich alle in eine Richtung, der Pfeil selbst zeigte einmal von einem Gesicht oder einer Kompassnadel in Richtung Ball oder vom Ball aus umgekehrt.

Die Teilnehmenden sollten jeweils einschätzen, welches der Gesichter oder welche Kompassnadel am stärksten auf den Ball gerichtet war. War der verborgene Pfeil im Hintergrund von einem Gesicht aus auf das Objekt gerichtet (nicht umgekehrt), entschieden die Befragten überzufällig oft, dass hier die Aufmerksamkeit am stärksten auf den Ball gerichtet war. Offenbar nahmen die Befragten unterschwellig die Bewegung der Punkte im Hintergrund wahr und zogen daraus ihre Schlussfolgerung.

Arvid Guterstam, Michael S. A. Graziano: Visual motion assists in social cognition. PNAS, 117/50, 2020. DOI: 10.1073/pnas.2021325117

Social Distancing

In der Natur ganz normal

In Zeiten der Coronapandemie fällt es vielen Menschen schwer, sich von anderen fernzuhalten. Forscherinnen und Forscher gingen in einer Sichtung der wissenschaftlichen Literatur der Frage nach, was eigentlich Tiere machen, wenn Infektionskrankheiten auftreten, und stellten fest: Abstand sei in der Natur eine normale Reaktion auf Infektionskrankheiten.

So erzeugen Termiten, die mit pathogenen Pilzsporen befallen sind, einen vibrierenden „Alarm", der Artgenossen warnt. Von Würmern befallene Guppys produzieren sichtbare Anzeichen auf dem Körper, so dass sie gemieden werden. Infektiöse Bienen teilen weniger Nahrung mit anderen. Ansteckende Vampirfledermäuse vermeiden es vermehrt, Artgenossen bei der Körperpflege zu unterstützen.

Aber auch eine aktive Distanzierung von infizierten Artgenossen wurde beobachtet: Ameisen reduzierten den Kontakt zu anderen, die mit einem schädlichen Pilz kontaminiert waren. Allerdings gibt es auch Tiere, die erkrankte Artgenossen pflegen. In welchem Ausmaß dies der Fall ist, sei unklar, schreiben die Forscherinnen und Forscher.

Die Tiere litten oft mehr als die Menschen. Denn wer von seinen Artgenossen isoliert sei, könne keine Nahrung mehr teilen und sei auch von lebenswichtigen Informationen abgeschnitten.

Sebastian Stockmaier u. a.: Infectious diseases and social distancing in nature. Science, 371, 2021. DOI: 10.1126/Science.abc8881

Susanne Bücker ist wissenschaftliche Mitarbeiterin an der Arbeitseinheit psychologische Methodenlehre an der Ruhr-Universität Bochum. Sie studierte Psychologie in Trier und forschte an der *Tilburg University*

Welche Lebensereignisse machen einsam, Frau Bücker?

Frau Bücker, Sie haben untersucht, ob bestimmte Lebensereignisse zu stärkeren oder geringeren Einsamkeitsgefühlen führen. Was haben Sie herausgefunden?

Der unfreiwillige Verlust des Arbeitsplatzes war das Ereignis, das zu langandauernden Gefühlen von Einsamkeit führte. Eine Gewöhnung fand offenbar nicht statt, die Belastung blieb, wie die Daten bewiesen, über Jahre bestehen. Insgesamt zeigte sich, dass es vor allem familiäre Ereignisse wie Verwitwung, aber auch die Geburt des ersten Kindes zu sein scheinen, die dazu führten, dass sich die Befragten über längere Zeit einsamer fühlten als zuvor. Interessant war der Befund, dass die erlebte Einsamkeit nach dem Eintritt ins Rentenalter im Durchschnitt zurückging. Vermutlich haben Menschen dann einfach mehr Zeit, sich wieder intensiver um die sozialen Kontakte zu kümmern, die ihnen wichtig sind.

Sie schreiben, dass es bislang wenig Forschung dazu gibt, welche Ereignisse unsere Einsamkeitsgefühle beeinflussen. Warum ist das so?

Die Forschung ist aufwendig. Wenn Sie wissen möchten, wie ein Lebensereignis die bestehenden sozialen Beziehungen verändert, müssen Sie die Menschen bereits vor dem Ereignis fragen, wie einsam sie sind, und sie dann später nochmals interviewen. Das ist in der Praxis gar nicht so einfach, denn häufig treten Ereignisse plötzlich und wenig planbar ein. Ein klassisches Experiment würde hier auch nicht funktionieren, denn dann müssten Sie zum Beispiel die Menschen in einer Gruppe auffordern zu heiraten und die Kontrollgruppe bitten, nicht zu heiraten. Das geht natürlich nicht.

Wie haben Sie die Stichprobe für Ihre Forschung zusammengesetzt?

Für diese Untersuchung wurden Erwachsene aller Altersgruppen über viele Jahre hinweg befragt, auch nach ihren sozialen Beziehungen und der Zufriedenheit damit. Dabei handelte es sich um eine sehr große und national repräsentative Stichprobe. Zumindest einige Personen würden bestimmte Lebensereignisse irgendwann im Studienzeitraum erleben. Die sehr große Stichprobe ermöglichte es uns auch, Kontrollgruppen von Personen zu bilden, die ein Ereignis nicht erlebt hatten, aber in Hinsicht auf Alter, Geschlecht oder die Persönlichkeitseigenschaften ähnlich waren. Insgesamt haben wir die Daten von rund 13 000 Personen ausgewertet. Dies deckte einen Zeitraum von 10 Jahren ab.

Viele der einschneidenden Lebensereignisse führten dazu, dass die Menschen sich einsamer fühlten. Ist das ein Grund zur Sorge?

Nein. Wir wissen aus Studien, dass etwa 10 bis 15 Prozent der Bevölkerung stabil einsam sind, also über den Lebenslauf hinweg. Das heißt, die Mehrheit ist es nicht. Für die meisten Menschen ist das Gefühl von Einsamkeit etwas, das phasenweise vorkommt und das zum Leben dazugehört. Gelegentliche Einsamkeit ist ganz normal, wie unsere Auswertung zeigt, und man darf auch offen sagen, wenn man sich einsam fühlt.

Interview: Susanne Ackermann

Susanne Bücker u. a.: A propensity-score matched study of changes in loneliness surrounding major life events. Journal of Personality and Social Psychology, 2020. DOI: 10.1037/pspp0000373

Emojis
Sorgfältig auswählen

Manche Menschen sind eher sorglos darin, mit welchen Emojis sie ihre Textnachrichten garnieren. Vorsicht wäre angebracht, zeigt eine Studie: Empfängerinnen und Empfänger bilden sich anhand der Piktogramme ihr Urteil darüber, welche Laune der E-Mail-Absender hat. Die Forscherinnen und Forscher ließen 38 Studierende Textnachrichten mit negativen, positiven oder ganz ohne Emojis interpretieren. Positive Emojis verbesserten die Kommunikation.

Isabelle Boutet u. a.: Emojis influence emotional communication, social attributions, and information processing. Computers in Human Behavior, 2021. DOI: 10.1016/j.chb.2021.106722

Bewegung
Dynamisch tut gut

Schwungvolles Gehen verbessert die Stimmung, dies zeigt eine kleine Studie mit 35 depressiven und 36 nichtdepressiven Teilnehmenden zwischen 18 und 60 Jahren. Sie trugen zwei Tage lang Messgeräte mit sich, mit denen Gang, Auf- und-ab-Bewegungen des Körpers und die Stimmung erfasst wurden. Nach einem dynamischen Marsch besserte sich die Stimmung. Zudem ließen sich die Gangarten der nichtdepressiven und der depressiven Versuchspersonen unterscheiden. Letztere gingen gebeugter und langsamer.

Dirk Adolph u.a.: Gait patterns and mood in everyday life: A comparison between depressed patients and non-depressed controls. Cognitive Therapy and Research, 2021. DOI: 10.1007/s10608-021-10215-7

Covid-19
Traumatische Folgen?

Ein Ereignis, das typischerweise eine posttraumatische Belastungsstörung (PTBS) auslöst, ist nach gängigem Verständnis einmalig, oft lebensbedrohlich und direkt. Die Coronapandemie passt nicht in dieses Schema: Sie zieht sich lange hin, die Auswirkungen auf die Zukunft sind unklar und trotz hoher Todeszahlen und wirtschaftlicher Folgen betrifft sie viele Menschen nur indirekt. Dennoch, so fanden Psychologinnen heraus, kann die Pandemie als ein traumatischer Stressor bezeichnet werden, der das Potenzial hat, eine PTBS auszulösen.

Die Forscherinnen fragten mehrere hundert Teilnehmende danach, ob sie Covid-19 direkt oder nur indirekt erlebt hatten, erfassten ihre emotionalen Reaktionen und fragten nach diversen Symptomen, die dem posttraumatischen Belastungssymptom zugerechnet werden. Außerdem antworteten die Probandinnen und Probanden auf Fragen, die dem *Well-Being Index* der Weltgesundheitsorganisation entnommen waren. Die Studie stellte bei 13,2 Prozent der Befragten Symptome einer Belastungsreaktion fest, darunter etliche, die nur indirekt mit der Pandemie zu tun hatten. 64 Prozent gaben an, dass es ihnen seelisch nicht so gut gehe.

Victoria M. E. Bridgland u.a.: Why the COVID-19 pandemic is a traumatic stressor. Plos One, 2021. DOI: 10.1371/journal.pone.0240146

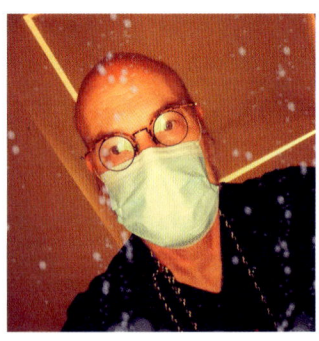

Forschung erklärt: Was ist Open Access Publishing?

Wissenschaftlerinnen und Wissenschaftler aus Europa und den USA forderten im Jahr 2001 in der *Budapest Open Access Initiative*, dass wissenschaftliche Literatur in Fachzeitschriften und anderen Publikationsformen im Internet für alle frei zugänglich sein sollte. Dazu verfassten die Initiatoren eine Grundsatzerklärung, die seitdem von vielen Forscherinnen und Forschern, von Universitäten, Instituten, Bibliotheken und Open-Access-Initiativen unterzeichnet wurde.

Es gibt heute eine Reihe von reinen Onlinezeitschriften, die allgemein zugänglich sind, etwa *Plos One* oder *BMC*. Für frei zugängliche Veröffentlichungen verlangen die Anbieter Gebühren von den Autorinnen und Autoren. In klassischen Psychologiejournalen, die von der US-amerikanischen Psychologengesellschaft APA oder großen wissenschaftlichen Verlagen wie Sage oder Springer herausgegeben werden, erscheinen gelegentlich Open-Access-Artikel. Wissenschaftliche Journale werden von Universitäten, Forschungseinrichtungen oder Bibliotheken abonniert. Manche Verlage erheben zusätzlich Gebühren von Forscherinnen und Forschern.

Quellen und Literatur unter psychologie-heute.de/literatur

Sexualität

Die Bedürfnisse des anderen

Sexuelle Wünsche sind vielfältig und werden in der Wirklichkeit nicht immer erfüllt. Dies führt bei Paaren dazu, dass sie unzufrieden sind, was sich auf die Zufriedenheit mit der Beziehung insgesamt überträgt. Psychologinnen und Psychologen stellten jetzt in vier Studien mit mehr als 1500 Teilnehmenden, alles heterosexuelle Paare, fest: Es hilft, wenn einer der Beteiligten motiviert ist, auf die sexuellen Bedürfnisse des anderen einzugehen. Diese Haltung wirkt wie ein seelischer Schutz vor Unzufriedenheit. Die Forscherinnen und Forscher erhoben die sexuelle Zufriedenheit in Beziehungen mit unterschiedlichen Methoden. So ließen sie die Paare Tagebuch führen darüber, wie oft sie Sex hatten, was sie sich wünschten und inwieweit dies erfüllt wurde. Ebenso fragten sie, ob das Gegenüber das Gefühl hatte, die Partnerin oder der Partner gehe auf es ein.

In der Praxis bedeutet das, dass beide Partner eigene Wünsche hin und wieder zugunsten des anderen zurückstellen sollten. Paare könnten, sofern einer offen ist für die Wünsche des anderen, eine Situation schaffen, in der beide Sexualität genießen können.

Rhonda N. Balzarini u. a.: The detriments of unmet sexual ideals and buffering effect of sexual communal strength. Journal of Personality and Social Psychology, 2021. DOI: 10.1037/pspi0000323

Islamophobie

Wut, Angst und Verschwörungsdenken

Anders als der Name nahelegt, geht es bei Islamophobie nicht nur um Angst. Im Wesentlichen, so stellten eine Sozialwissenschaftlerin und vier Forscherkollegen jetzt fest, umfasst sie drei Komponenten: Ärger und Abneigung gegen Muslime und die islamische Religion, Verschwörungsüberzeugungen, der Islam wolle „den Westen unterminieren", und schließlich Angst. Das Team untersuchte Islamophobie bei Befragten aus fünf Stichproben in den USA, Deutschland, Frankreich, Indien und Polen mit jeweils an die 300 Teilnehmenden. Das Phänomen selbst wurde in allen Stichproben nachgewiesen – aber bei den drei Komponenten gab es Unterschiede.

Wenn Menschen eine ausgeprägte Dominanzorientierung haben, spielt im Zusammenhang mit Islamophobie Ärger eine große Rolle, wie es etwa in Deutschland oder Frankreich der Fall zu sein scheint. In den USA oder Indien scheint es sich mehr im Wortsinn um Angst vor dem Islam zu handeln.

Verschwörungsdenken erwies sich in sämtlichen Stichproben als ein von den anderen Komponenten unabhängiger Faktor, der fester Bestandteil der Islamophobie zu sein scheint. Dieser Aspekt sei in bisherigen Forschungen vernachlässigt worden, so die Studien. Verschwörungsdenken und der Glaube an entsprechende Geschichten seien auch fester Bestandteil antisemitischer Überzeugungen.

Fatih Uenal u. a.: The nature of Islamophobia: A test of a tripartite view in five countries. Personality and Social Psychology Bulletin, 2020. DOI: 10.1177/0146167220922643

„Unsere Wünsche klingen zusammen mit uralten Bildern"

Warum fantastische Romanzutaten nicht unbedingt zur
Realitätsflucht anstiften, sondern Erkenntnis fördern und
Selbsteinsichten ermöglichen: Ein Gespräch mit Thomas Hettche
über unsere träumerischen und dunklen Seiten und seinen Roman
Herzfaden, der von der Augsburger Puppenkiste erzählt

Interview: Anne Otto // Fotos: Joachim Gern

Da gab es ein Geheimnis: Man sah die Fäden und das Künstliche. Doch für mich waren diese Holzpuppen lebendig

Ein persönliches Treffen mit Thomas Hettche kann während der Pandemie nicht stattfinden. Also sprechen wir an einem Vormittag im Februar über Bildschirme miteinander, draußen ist es noch winterlich. Der Autor sitzt mit einer Tasse Tee vor seinem Rechner, hinter ihm eine gut sortierte Bücherwand – man erahnt einige besondere Ausgaben und literarische Reihen. Es sieht gemütlich aus. Doch im Gespräch ist der 56-Jährige hellwach, widerspricht auch schon mal scharfzüngig. Die Vielschichtigkeit seiner Antworten passt zu der Art, wie Hettche seine Romane verfasst. Er recherchiert akribisch, wirft ein Licht auf Epochen, Begebenheiten und historische Personen, die bis dahin wenig Beachtung gefunden hatten, etwa in seinen preisgekrönten Romanen *Pfaueninsel* und *Herzfaden*. All das mischt er mit Elementen aus Märchen, Fantastik und Schauergeschichten. So kreiert er Zwitterwelten, die einladend, doch manchmal auch bedrohlich wirken.

Herr Hettche, in Ihren Romanen fließen Wirklichkeit und Märchen ineinander. Wollen Sie damit zeigen, dass es mehr als eine Wahrheit gibt?

Auch. Es geht aber um mehr. Wir alle sind geprägt und bestimmt von Projektionen, von märchenhaften Vorstellungen, Wünschen und Träumen. Diese bestimmen unser Handeln mehr, als wir glauben, und zwar nicht nur als persönliche Sehnsüchte und Erwartungen. Mythen und Märchen verbinden uns mit der Historie, mit einem über Jahrhunderte tradierten Denken und Fühlen. Wir wissen: Wenn man einen Frosch küsst, dann kann daraus ein Prinz werden. Unsere persönlichen Wünsche klingen immer zusammen mit uralten Bildern.

Diese mythische und märchenhafte Welt ist bei Ihnen aber mit der Alltagswirklichkeit verzahnt. Sie schreiben ja keine Fantasy, sondern realistische Geschichten, die sogar historischen Geschehnissen folgen und Personen begleiten, die wirklich gelebt haben.

Das hat mit meiner Vorstellung von Realismus zu tun. Mir ist es einerseits wichtig, gründlich zu recherchieren und eine

Geschichte historisch genau zu verorten, andererseits bin ich überzeugt, dass das Reale nur einen Teil unseres Welterlebens ausmacht und uns auch nur illusionär zugänglich ist. Was in dieser Kluft entsteht, kann man Fantastik oder Mythen und Märchen nennen. Es sind Erzählmodelle, die mit dieser Lücke umgehen, die uns immer von der Welt separiert. Realistisches Erzählen, wie es mir vorschwebt, begnügt sich eben nicht mit Tatsächlichem. Realistisch ist daran, den Leser dafür zu sensibilisieren, dass meine Autorenperspektive auf eine Geschichte genauso wie seine eigene als Leser immer vorläufig ist. Dass Geschichten immer konstruiert sind, kann man durch Märchenelemente gut verdeutlichen: Wir alle kennen seit der Kindheit ihre Muster und wissen, dass sie keine reale Welt beschreiben. Und doch sind es Beschreibungen. So entsteht im besten Fall ein doppelter Boden. Eine Geschichte von drei Brüdern und ihrem Vater kann eine realistische Erzählung sein, aber auch ein Märchen, bei dem die Frage, wer etwas erbt oder wer sterben muss, eine magische Dimension hat.

Auf diesen doppelten Boden führen Sie uns auch in Ihrem aktuellen Roman *Herzfaden*. Er erzählt die Geschichte der Augsburger Puppenkiste. Was reizte Sie an diesem Stoff?
Der Ausgangspunkt, diesen Roman zu schreiben, war einerseits die Geschichte der Familie Oehmichen, die während des Zweiten Weltkriegs in Augsburg ein Marionettentheater initiiert hat, aus dem dann in der Nachkriegszeit die Augsburger Puppenkiste entstanden ist. Das hat mich auf einer historischen Ebene, als Geschichte bundesdeutscher Nachkriegswirklichkeit interessiert. Zugleich aber erinnerte ich mich, als ich darauf stieß, an meine eigenen Kindheitserfahrungen. Ich habe als Kind nie ein Marionettentheater gesehen, komme aus einem bildungsfernen Haushalt, in dem es fast keine Bücher gab, Theater und Kino keine Rolle spielten und das Fernsehen eine wichtige Verbindung zur Welt war. Nun erinnerte ich mich wieder, wie ich Kalle Wirsch, Urmel und Jim Knopf erlebt und was mich an der Puppenkiste fasziniert hatte. Da gab es ein Geheimnis: Man sah die Künstlichkeit der Marionetten mit ihren Holzgesichtern und die Fäden, man sah die Plastikfolie, die das Meer darstellte, und dennoch waren diese Holzpuppen für mich als Kind lebendig. Natürlich begriff ich damals nicht, dass ich es war, der die Geschichte mit der eigenen Fantasie ergänzte, aber ich ahnte doch schon etwas vom Zauber aller Kunst. Der Roman versucht nun von beidem zu erzählen, von der Zeit, in der die Puppenkiste entstand, und von der Art und Weise, wie so einfache Kunst so große Gefühle erzeugen kann.

Sie sprechen von der Kraft der Fantasie. Wollen Sie diese Fähigkeit auch bei Ihren Leserinnen und Lesern fördern?
Der Leser ist für mich Teil eines Paktes. Ich bin als Autor von ihm nur durch das dünne Blatt der Buchseite getrennt. Der Leser ist es, der die Buchstaben meines Textes lebendig werden lässt. Denn Literatur ist wie die Puppenschnitzkunst eher etwas Einfaches, *Arte povera*: nichts als Buchstaben aus schwarzer Tinte auf billigem Papier. Das ist etwas völlig anderes als etwa die Überwältigungskunst des Hollywoodkinos, wo der umfassende sinnliche Reiz und die hyperreale Illusion dafür sorgen, dass der Zuschauer ein genau kalkuliertes Erlebnis bekommt. Die Literatur ist dagegen wie das Puppenspiel auf die Mitarbeit des Lesers angewiesen. Und bestenfalls erlebt er dies als Freiheit. Denn er selbst ist es, der sich vorstellt, wie eine Szene aussieht, es sind seine eigenen Bilder und Erinnerungen, die das Erzählte lebendig werden lassen. Meine ideale Vorstellung von Lektüre ist eine, bei der der Leser mit sich selbst ins Gespräch kommt.

An einer Stelle in *Herzfaden* schreiben Sie: „Jeder Roman ist auch ein Puppenspiel."
Ich meine das nicht so, dass der Autor oder der Erzähler allmächtig ist, weil er seine Figuren wie Marionetten führt, sondern dass ganz im Gegenteil die Literatur wie das Puppenspiel durchsichtig ist für die Gemachtheit ihrer Fiktion. Je einfacher die Kunstform, desto mehr erlaubt und benötigt sie die Beteiligung des Rezipienten.

Aber wie erreichen Sie, dass man beim Lesen in die historischen und fantastischen Welten eintaucht? Welche Stilmittel nutzen Sie?
Herzfaden versucht das über zwei Erzählebenen. Bei dem Schreiben der Geschichte meiner Heldin Hannelore Oehmichen, in der ich erzähle, wie sie nach dem Krieg im zerbombten Augsburg mit ihrer Schwester, ihren Eltern und Freunden das Marionettentheater aufbaute, bemerkte ich bald, dass die Marionetten in dieser Erzählung vor allem Objekte waren – die Historie schob sich zwischen die Marionetten und den Leser. Mir ging es aber darum, die Magie dieser Puppen erlebbar zu machen, wie ich sie selbst als Kind erlebt hatte. Also erfand ich eine Zwischenwelt, einen magischen Dachboden, auf dem das Urmel, Prinzessin Li Si und all die anderen Marionetten lebendig sind. Ein kleines Mädchen erlebt dort eine märchenhafte Geschichte mit ihnen, in der Angst überwunden und ein Rätsel gelöst werden muss. Wir alle haben Vorstellungen von solch einer Unterwelt, in die man hineingeraten kann wie Alice durch den Fuchsbau, durch eine verborgene Tür oder einen Brunnen oder Ähnliches.

Wollten Sie auch ein nostalgisches Schwelgen in den Charakteren der Puppenkiste ermöglichen? Bei den Älteren von uns verbinden sich damit ja oft lebhafte Kindheitserinnerungen.
Natürlich war es bei diesem Roman ein besonderer Reiz, dass fast jeder die Marionetten kennt und mit ihnen eigene Erinnerungen verbindet. Für mich kam es darauf an, sie im Roman in neue Zusammenhänge zu stellen, und zwar doppelt. Erst einmal dadurch, dass ich erzähle, wie sie historisch entstanden sind. Und dann indem ich sie in eine neue Erzählung versetze. Als Autor arbeitet man sozusagen mit den vorhandenen Bildern in den Köpfen der Leser, die zunächst ihre bestehenden Erinnerungen an die Puppenkiste abrufen, die aber dann im Roman erweitert und verändert werden. Das ist ein ebenso faszinierender wie alltäglicher Prozess: Wir

Dr. Thomas Hettche, Jahrgang 1964, wuchs in Hessen am Rande des Vogelsbergs auf. Bereits während seines Studiums begann er, literarisch zu arbeiten. Bekannt geworden sind etwa seine Romane *Nox*, *Der Fall Arbogast*, *Die Liebe der Väter* und *Pfaueninsel*. Für seine Texte wurde Hettche mit renommierten Literaturpreisen ausgezeichnet. Er lebt in Berlin und in der Schweiz

alle bauen Geschichten, die wir kennen, für uns selbst immer wieder um, realisieren sie also entsprechend aktuellen Bedürfnissen.

Der Begriff des „kollektiven Unbewussten" geht auf den Psychiater und Tiefenpsychologen Carl Gustav Jung zurück und bezeichnet Geschichten, Bilder und Symbole, die so universell sind, dass sie uns alle prägen. Es gibt die Hexe, die Heilige und die Hure oder den König und den Krieger, es zeichnen sich archetypische Konflikte ab. Was halten Sie von dieser Sicht?

Es gibt in der Tat interessante Studien, die zeigen, dass bestimmte Erzählmuster – etwa die Quest, die Heldenreise – in fast allen Kulturen zu finden sind. An der jungschen Konzeption stört mich allerdings der unhistorische Zugang zu diesem Befund, denn als Schriftsteller beschäftigt mich, wie sich solche Erzählmuster in der jeweiligen Gesellschaft verändern. Ich glaube, sie leben aus der Spannung zwischen einer scheinbaren Überzeitlichkeit und einer sehr zeitgebundenen Realisierung. Meiner Meinung nach sind solche Bilder nicht unveränderlich. In einer Art Rückkopplung wird an diesen Schablonen die jeweilige Weltdeutung überprüft. Dabei verändern sie sich selbst und die Gegenwart, die sie spiegeln.

Können Sie ein Beispiel geben?

In meinem Roman *Pfaueninsel* geht es um das Leben des kleinwüchsigen Schlossfräuleins Maria Strakon, die im 19. Jahrhundert auf der Pfaueninsel bei Berlin lebte. In der ersten Szene kommt meine Protagonistin vor – und die Königin Luise von Preußen. Ich hielt beim Schreiben lange inne, denn da stand plötzlich: die Königin und eine Zwergin. Das klang nach einem grimmschen Märchen, aber es war ganz und gar nicht meine Absicht, ein Märchen zu schreiben. Doch ich fand keinen Ausweg, jeder Leser würde diese Assoziation haben. Ich habe mich dann dazu entschlossen, dies Problem, dass Märchen und Realgeschichte sich zwingend überlagern, zum Thema des Buches zu machen. „Eine Königin, eine Königin, was ist das überhaupt?", fragt mein Erzähler. Auch wenn der Roman eine historische Geschichte über eine kleinwüchsige Frau erzählt, so gibt es doch die Ebene, in der die Königin eine Märchenkönigin und Maria Strakon eine Zwergin aus dem Märchen ist. Solche Ambivalenzen zuzulassen ist mir wichtig, weil unsere Imagination so funktioniert.

Sie beginnen Ihre Stoffe oft auf einer harmlosen, märchenhaften Ebene. Als Leser fühlt man sich willkommen und taucht ein. Doch dann kommen Schattenseiten und Härten zum Vorschein. Ist es ein Kniff von Ihnen, Ihre Leserinnen und Leser arglos in die vermeintlich heile Welt gehen zu lassen und sie dann zu konfrontieren?

Märchen sind nicht harmlos, das ist ein Irrtum. Was im Übrigen der Grund ist, weshalb Kinder sie lieben, denn viele Kinder langweilen sich mit den harmlosen Erzählungen, die wir ihnen vorsetzen. Ich glaube, dass gute Geschichten niemals harmlos sind. Es sind immer Zwischenwelten, in die ich den Leser hineinzulocken versuche, um ihn dann mit

Man sollte von einer Geschichte ergriffen und woanders hingestellt werden

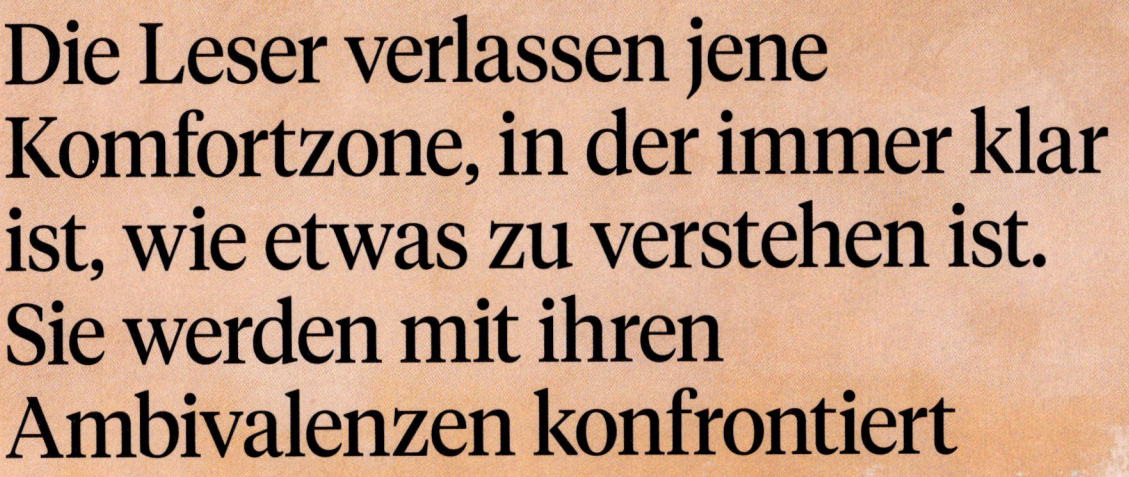

Die Leser verlassen jene Komfortzone, in der immer klar ist, wie etwas zu verstehen ist. Sie werden mit ihren Ambivalenzen konfrontiert

Ich vermeide es, mir darüber Rechenschaft abzulegen, warum ich mich auf eine neue Geschichte einlasse

Leseprobe

Der Vater schneidet die Verschnürung des Kartons auf und nimmt die zerknüllten Zeitungen heraus, mit denen er ausgestopft ist. Dann greift er hinein, zieht ein Spielkreuz hervor, und schon springt ein Storch auf den Tisch. Ein Storch mit rotem Schnabel, der seine langen Beine vorsichtig voreinandersetzt und dessen Kopf dabei neugierig von links nach rechts und von rechts nach links pendelt. Wolfi und Christoph stehen an der Tischkante und staunen die Marionette an.

„Wie schön der ist!", sagt die Mutter.

Der Vater reicht ihr wortlos das Spielkreuz, kramt wieder in dem Karton, zieht ein zweites Spielkreuz hervor und jetzt schreien die Jungs vor Schreck. Der Tod steht auf dem Tisch.

Aus dem Roman *Herzfaden* von Thomas Hettche. © 2020, Verlag Kiepenheuer & Witsch, Köln

---

seinen Erwartungen infrage zu stellen oder zumindest zu überraschen. Das ist der Anspruch. Man sollte von einer Geschichte ergriffen und woanders hingestellt werden.

Doch die Zwischenwelten sind auch einladend, manchmal würde man gern dort bleiben. Schwingen da Weltflucht und Eskapismus mit?

Ich denke nicht, denn das grundlegende Versprechen fantastischer Welten ist ja nicht das eines Wellnessbereiches, sondern dass in ihnen Unerwartetes geschieht. Das kann, wenn ich etwa an die sexuellen Szenen in *Pfaueninsel* denke, die manchem Leser missfallen haben, auch schockierend sein. Ich möchte aber, dass der Leser jene Komfortzone verlässt, in der immer schon klar ist, wie man etwas zu verstehen hat. Im besten Fall wird er mit seinen eigenen, auch moralischen Ambivalenzen konfrontiert.

Fantastische Geschichten, etwa die Harry-Potter-Reihe, sind nicht nur bei Kindern beliebt. Dort werden die Symbolwelten ungebrochen durchgehalten. Zauberer, der dunkle Lord oder Einhörner verhalten sich, wie wir es erwarten. Lehnen Sie so etwas ab?

Nein, weshalb sollte ich? Die Magie von Erzählung ist mein Lebensinhalt, und so wie ein Musiker eine einfache Melodie ebenso schätzt wie eine bachsche Fuge, habe ich großen Spaß an trivialen Erzählformen. In meiner Jugend habe ich den *Herrn der Ringe* verschlungen und sämtliche Staffeln von *Star Trek* gesehen, mit meinen Töchtern habe ich im Kino am liebsten Marvel-Filme gesehen, und ich habe großen Respekt vor dem erzählerischen Kosmos von Harry Potter. Mich beunruhigt jedoch, wie diese einfachen Fiktionen, in denen Gut und Böse so klar definiert sind, die Vorstellungswelt der Menschen ausschließlich zu bestimmen beginnen. Diese Gefahr ist groß. Mir scheint beispielsweise, dass die Krise der USA viel mit einem holzschnittartigen Weltbild zu tun hat, zu dem ein solches Gut-Böse-Schema verleiten kann. Fiktionen, die mich interessieren, spielen zwar mit den Wünschen und Sehnsüchten, wie sie sich in Trivialformen abgelagert haben, aber sie konfrontieren diese Wünsche mit der Wirklichkeit.

In *Herzfaden* wird das Thema Märchen versus Literatur ja sogar vom Schauspielensemble diskutiert. Zunächst spielt die Truppe Märchen wie *Hänsel und Gretel*. Doch dann kommen andere Stoffe, etwa *Der Kleine Prinz*. Wollten Sie abbilden, dass auch dort die Zeit der Märchen vorbei ist?

Hier habe ich mich eigentlich nur an die Historie gehalten. Als nach dem Krieg Hannelore Oehmichen und ihr junges Ensemble begannen, vom Vater die Programmgestaltung der Puppenkiste zu übernehmen, wurden plötzlich aktuelle Stoffe wichtig. Das ist sehr eindrücklich: *Der Kleine Prinz* war gerade erst ein Jahr auf Deutsch erschienen, da hat die Puppenkiste ihn aufgeführt. Dasselbe gilt für *Jim Knopf*. Dieses Ensemble suchte offenbar nach Geschichten, die ihre eigene Lebenswirklichkeit abbildeten. Gerade beim *Kleinen Prinzen*, dessen Sätze heute ja längst zu Kalendersprüchen herabgesunken sind, hat mich fasziniert, wie sehr man diesem Text seine Zeit ablesen kann: Das ist ein ganz heilloses Märchen, in dem die Schrecken und Traumata des Krieges fast unverhüllt thematisiert werden. Dass die Puppenkiste dann gerade diese zaubertraurige Geschichte in der Bayerischen Akademie der Schönen Künste vor lauter Künstlern aufführte, die sich noch wenige Jahre zuvor mit den Nazis arrangiert hatten, fand ich atemberaubend. Die Zeit der Märchen ist niemals vorbei, es muss nur jede Generation immer wieder von neuem herausbekommen, wer der böse Zauberer und wer die gute Fee ist.

Wie entwickeln Sie Ihre Geschichten handwerklich, wie wird aus den Ideen und Recherchen ein Buch?

Es geht mir zunächst um die Konstellation bestimmter Geschichten und Figuren an einem ganz konkreten historischen Ort. Das bedeutet zunächst einmal eine gründliche Recherche, die neben den üblichen Dokumenten aber auch heißt, sich mit allen Sinnen einem Ort auszusetzen. Wobei ich mich immer auf etwas einlassen möchte, das mir eigentlich fremd oder gar rätselhaft ist. Hannelore Oehmichen in *Herzfaden* beispielsweise gehört der Generation meiner Eltern an, 1931 geboren, sie hat ihre Kindheit im Faschismus verlebt. Das ist eine Generation, die das Kriegsende oftmals als Desillusionierung, als Verrat an den eigenen Idealen erlebt hat. Das hat mich interessiert, weil es mir so fremd war, und dem habe ich in der Geschichte, die *Herzfaden* erzählt, nachgespürt. Um solche Zusammenhänge zu begreifen, ist aber nicht nur das Geschehen wichtig, sondern beispielsweise auch, welche kulturellen Einflüsse auf meine Helden gewirkt, was sie gelesen haben, was sie wussten, welche Träume und Sehnsüchte sie gehabt haben könnten.

Und danach bauen Sie die fantastischen Elemente ein?

Das klingt mir zu sehr nach Baukasten. So arbeite ich nicht. Es ist eher so, dass die Fiktion irgendwann die Fakten umzugestalten, zu kommentieren, zu überwuchern beginnt. Ein Roman ist für mich Experiment, nicht Archäologie. Wo die Geschichte hinläuft, ist für mich zu Beginn oft unklar. In der *Pfaueninsel* hatte ich beispielsweise von meiner Heldin, deren Leben ich erzähle, zu Beginn nichts als zwei Erwähnungen ihres Namens in zeitgenössischen Dokumenten und ihre Lebensdaten von dem Grabstein, der sich erhalten hat. Zunächst war sie eher eine Leerstelle, um die ich eine Welt aufbaute. Dabei entwickeln sich oft überraschende Dinge. So tauchte etwa plötzlich Peter Schlemihl, also eine Figur des romantischen Schriftstellers Adelbert von Chamisso auf meiner *Pfaueninsel* auf und wurde zu einer wichtigen Bezugsperson meiner Heldin. Historisch natürlich unkorrekt, aber im literarischen Raum notwendig. Ist das nun Fantastik? Ich glaube nicht.

Auch Sie selbst halten sich lange in der Nähe der Figuren auf. Gibt es für Sie Unterschiede, wie gern Sie mit den einzelnen Stoffen verweilen? Ist eine Beschäftigung mit der Augsburger Puppenkiste leichter als der gedankliche Aufenthalt auf der Pfaueninsel?

Jedes neue Buch ist eine Expedition, auf die man sich mit Haut und Haaren einlässt. Aber wenn diese Reise zu Ende ist, kommt man wieder nach Hause. Dann ist man für zwei oder fünf Jahre Spezialist für Marionetten oder für Gartenarchitektur des 19. Jahrhunderts oder für Gerichtsmedizin gewesen. Und jetzt ist das Vergangenheit und man sucht sich ein nächstes Ziel. Vor *Herzfaden* war ich nie in Augsburg, und gerade deshalb habe ich es sehr geliebt, dort zeitweilig zu wohnen, durch die Gassen zu gehen, den Dialekt ins Ohr zu bekommen. Aber ich habe es auch geliebt, für meinen USA-Roman *Woraus wir gemacht sind* einen Monat in einem kleinen Städtchen in Texas zu leben und beim Einschlafen zuzuhören, wie die unendlich langsamen Güterzüge durch den Ort ratterten.

Das klingt, als sei das Schreiben auch für Sie selbst ein Prozess, in dem Sie Freiheit erleben?

Unbedingt. Zum einen beim Schreibprozess selbst, vor allem aber auch bei der Wahl des Stoffes. Ich vermeide es geradezu, mir Rechenschaft darüber abzulegen, weshalb ich mich auf eine neue Geschichte einlasse. Es gibt unendlich viele Themen, über die man schreiben könnte. Die Frage, weshalb ich mich gerade für dieses bestimmte neue Projekt entscheide, kann ich mir im besten Fall beantworten, wenn es abgeschlossen ist. Alles davor ist Freiheit. ■

Psychologie und Literatur

In unserer Serie sprachen zuletzt:

Anke Stelling über subtile soziale Ausgrenzung (Heft 3/2021)

Raphaela Edelbauer über das Mysterium der Zeit (Heft 12/2020)

Benjamin Maack über die Innenansicht eines Zusammenbruchs (Heft 9/2020)

Daniel Kehlmann über Magie und Wissenschaft (Heft 6/2020)

Isabel Bogdan über das Weiterleben mit der Trauer (Heft 3/2020)

Lucy Fricke über Töchter und abwesende Väter (Heft 11/2019)

Juli Zeh über die Vergeblichkeit verbissener Identitätssuche (Heft 8/2019)

Stephan Thome über die bedrohliche Verlockung des Fremden (Heft 5/2019)

Gerbrand Bakker über das Leben mit einer schweren Depression (Heft 2/2019)

John von Düffel über die Flüchtigkeit des Selbst (Heft 12/2017)

Annette Mingels über das Aufwachsen als Adoptivkind (Heft 9/2017)

Bodo Kirchhoff über Verluste und Versäumnisse (Heft 3/2017)

Sie können diese Hefte über unsere Website nachbestellen: psychologie-heute.de/shop

Blanke Freude

Der Gedanke, vor anderen nackt zu sein, löst bei den meisten Unbehagen und Scham aus. Doch sich tatsächlich zu entblößen kann sogar beflügeln

Text: Jana Hauschild // Illustrationen: Shenja Tatschke

Mit Ende dreißig verbrachte Sonja Rawe* einen Urlaub auf Fuerteventura in einer abgelegenen Finca. Das Wetter war schön und ihr Urlaubsdomizil von außen nicht einzusehen, so dass sie eines Tages beschloss, die Hüllen fallenzulassen. Tagelang lief sie nackt auf der Finca herum – und genoss es. Wieder zurück in Deutschland suchte sie Gleichgesinnte. Sie schloss sich einem FKK-Stammtisch an. Bekleidet saß sie mit sieben Männern und einer weiteren Frau beim Bier zusammen und überlegte, wie sie ihre Freude am Unbekleideten ausleben könnte. Am Strand herumliegen, nackt schwimmen gehen, das Übliche. Dann schlug einer vor: wandern. Das hatte Sonja Rawe bis dahin noch nie gemacht. Wenig später traf sie sich mit einer Handvoll Interessenten in der Natur. „Wir haben uns ausgezogen und sind losgewandert", erinnert sich die heute 54-Jährige. Zwei Stunden querfeldein. Seither hat sie das unzählige Male gemacht. Zwei offizielle Nacktwanderwege zählt Deutschland heute, einen im Harz und einen in der Lüneburger Heide, letzteren hat Sonja Rawe mitbegründet.

Die Zahl der Menschen in Deutschland, die regelmäßig Freizeitaktivitäten ganz ohne Kleidung nachgehen, ist hoch. Rund 21 Millionen Deutsche besuchen hin und wieder eine Sauna. Rund fünf Prozent der deutschen Männer bevorzugen es, ohne Kleidung zu kochen. Die liebste Bademode von zwei Prozent aller Frauen hierzulande ist: keine. Jedes Jahr im Juni radeln Menschen im Rahmen der Protestbewegung *Naked Bike Ride* unbekleidet durch Großstädte wie etwa Köln und Dresden. Die zwei Nacktwanderwege erfreuen sich großer Beliebtheit. Mehr als 130 FKK-Vereine listet der Deutsche Verband für Freikörperkultur, von Kiel bis Prien am Chiemsee. Sie zählen etwa 30 000 Mitglieder.

Aber warum ziehen sich tausende Männer und Frauen lieber aus, wo andere hunderte Euro für perfekte Wanderkleidung oder den schönsten Bikini ausgeben? Was ist der Zugewinn, ohne Hülle Yoga zu praktizieren oder nur in Schuhen und Socken Tennis zu spielen? Psychologinnen und Psychologen gehen davon aus, dass nackt zu sein das Wohlbefinden positiv beeinflusst.

Keon West ist Sozialpsychologe an der *Goldsmiths, University of London* und beschäftigt sich seit einigen Jahren mit der Wirkung von Nacktheit auf das eigene Körperbild und Selbstbewusstsein. Der gebürtige Jamaikaner hat in den USA und Frankreich gelebt, in Oxford promoviert und forscht vorrangig zu Vorurteilen, Rassismus und Stigmatisierung. Naturismus ist so etwas wie ein wohltuendes Herzensthema für ihn. West zählt sich selbst zu den Naturisten. So nennen sich Menschen, die gern nackt und in der Natur sind. Nudisten sind gern nackt, aber weniger naturbezogen.

In Wests erstem Forschungsprojekt zum Nacktsein 2017 startete er eine Umfrage unter britischen Bürgern. Von den rund 850 Befragten nahm die Hälfte im Schnitt pro Jahr an bis zu 17 Aktivitäten teil, die nackt oder halbnackt stattfanden, wie etwa Sauna oder unbekleidetem Baden. Spannend dabei: Eben diese Personen stimmten auch eher Sätzen aus den Fragebögen zu wie „Trotz seiner Makel akzeptiere ich meinen Körper, wie er ist" oder „Mein Selbstwert ist unabhängig von meiner Körperform oder meinem Gewicht". Ein Teilnehmer gab zu Protokoll: „Nacktsein verbessert das eigene Körperbild – es hilft, andere mit normalen, nichtperfekten Körpern zu sehen." Die statistische Auswertung bestätigt: Vor allem andere nackt zu sehen hing mit einem positiveren Körperbild zusammen.

„Die meisten von uns glauben an ein Schönheitsideal, das besagt, dass wir sportlich und sehr schlank sein müssen. Tatsächlich entsprechen nicht mal fünf Prozent der Menschen diesem Ideal", so Svenja Hoffmann, wissenschaftliche Mitarbeiterin am Institut für Psychologie der Universität der Bundeswehr München, die zu Körperbildern und Essstörungen forscht. Wenn wir stets Vergleiche mit Menschen suchten, die schlanker, sportlicher oder schöner als wir zu sein scheinen, und das medial geprägte Ideal unhinterfragt zu unserem

eigenen machten, könne das problematisch werden.

„Je mehr man andere sieht, die nackt sind, desto schneller erkennt man, dass Menschen, wie sie im Fernsehen oder der Pornografie inszeniert werden, unter realen Gegebenheiten nicht vorkommen", sagt Jürgen Krüll, Vizepräsident des Landesverbands für Freikörperkultur Berlin-Brandenburg. Diesen Effekt hat auch der Psychologe Viren Swami 2019 in einem Experiment mit britischen Schülerinnen und Schülern beobachtet. 14 Jungen und Mädchen nahmen an drei Aktzeichenstunden teil. Obwohl fast alle Jugendlichen berichteten, wie unangenehm es ihnen gewesen sei, lange Zeit völlig nackte Menschen anzusehen, hatte der Kurs durchweg positive Effekte darauf, wie sie sich selbst wahrnahmen. „Aktzeichnen hält dein Gehirn davon ab, sich darüber Gedanken zu machen, wie ein Körper aussehen sollte, und bringt es dazu zu akzeptieren, wie Körper wirklich sind", sagte ein Schüler im Anschluss. Die Auswertung bestätigte: Die jungen Menschen wussten ihre Körper nach dem Malkurs deutlich mehr zu schätzen, waren stolzer auf sich und ihr Äußeres und machten ihre Zufriedenheit weniger davon abhängig, was die Waage sagte. Allein sich mit Nacktheit zu umgeben tut also gut.

Tiefgreifend befreiend

Tatsächlich kennen wohl nicht wenige auch diesen Aha-Moment aus dem Wellnessurlaub: etwa wenn die grazile Frau, die man morgens noch am Frühstücksbuffet um ihre Figur beneidet hat, in der Saunalandschaft einen wenig straffen, dafür platten Po entblößt. Dass der Fitnesscoach aus dem Spabereich auch Narben hat. Dass bei den meisten Mitschwitzern genauso viel hängt, schief sitzt oder knittrig ist wie bei einem selbst. Auch schwinden ohne Kleidung die ökonomischen Unterschiede zwischen den Menschen. Der Supermarktverkäufer und die Bänkerin, die Bauarbeiterin und der Arzt: Sie alle haben ihre Polster, Falten und Dellen.

Doch auch sich selbst auszuziehen scheint kleine Wunder zu wirken. Ob bei Wanderungen oder beim Volleyball am Strand: Wenn Menschen selbst hüllenlos sind, erleben die meisten einen erhebenden Effekt. Das zeigen weitere Studien von Keon West. Er bat Teilnehmerinnen und Teilnehmer an Naturisten-Events, davor und danach Fragebögen zu ihrem Körperempfinden, Selbstbewusstsein und auch der Lebenszufriedenheit auszufüllen. Die Befunde: 24 Umweltaktivisten

Nudismus kann ein Vergnügen bereiten, das weder unmoralisch noch krankhaft ist

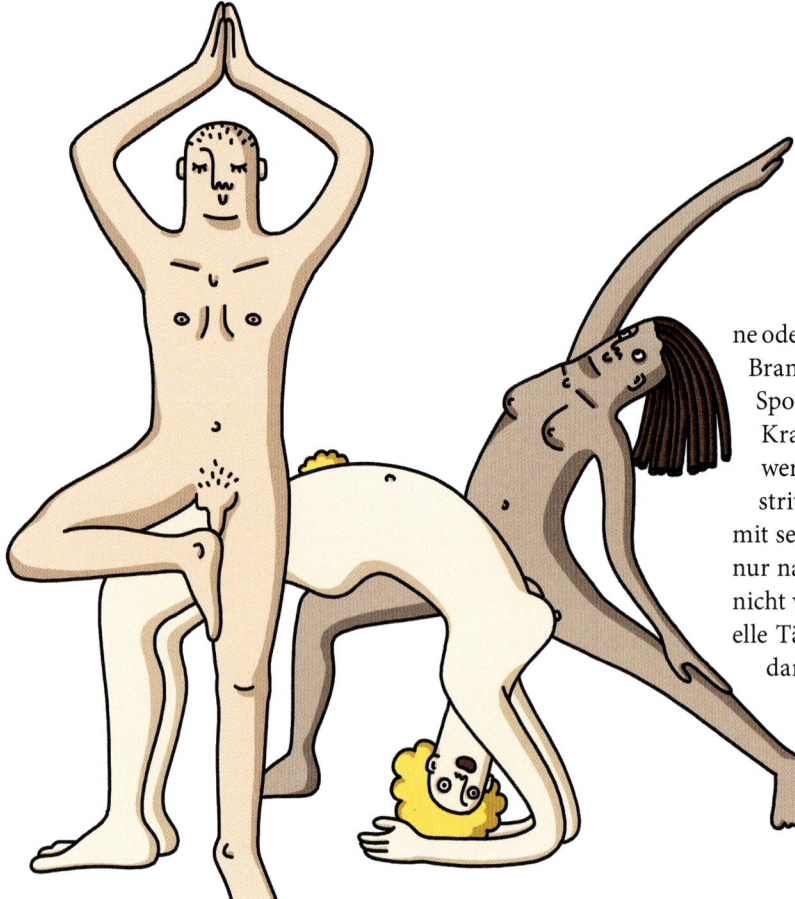

und -aktivistinnen wanderten bei einer Protestaktion nackt durch den *Yorkshire Wildlife Park*, um auf die Bedrohung des Polarbären aufmerksam zu machen. Im Anschluss fiel ihr Körperbild positiver aus, sie fühlten sich selbstbewusster – und waren zufriedener mit dem eigenen Leben. Um auszuschließen, dass dies nur einem emotionalen Hoch nach einem erfüllten wohltätigen Zweck zu verdanken war, befragte West in einer weiteren Erhebung 100 Personen, die der Einladung eines Wasserparks in den englischen Midlands zum dreistündigen Nacktbaden nachgekommen waren. Und wieder: Das Bild vom eigenen Körper gewann hinzu, das Ego schwoll infolgedessen an – und die Lebenszufriedenheit gleich mit.

Was also geht in den Menschen vor, wenn sie Aktivitäten nackt nachgehen? Mit Sexualität, wie viele vermuten, hat das nichts zu tun. „Sex kommt bei uns nicht infrage", sagt Sonja Rawe. Sie und ihre FKK-Gruppe gehen nicht nur zusammen wandern, sondern auch kegeln oder sie feiern nackt gemeinsam Partys, aber Sex finde nicht statt. Bei Wanderungen gebe es ab und an mal neue Teilnehmer, die auf der Suche nach einem Abenteuer seien, doch die gingen unverrichteter Dinge wieder. So halten es hierzulande auch die Ferienanlagen, FKK-Vereine und Naturistenverbände. „Die Menschen vermischen unsere Aktivität immer wieder mit der Swingersze-

ne oder Exhibitionismus", sagt Jürgen Krüll von dem Berlin-Brandenburger Landesverband. Die Vereine seien allesamt Sportvereine, betont er. Basketball, Tischtennis, Yoga oder Kraftsport: Alles ist möglich, alles kann nackt absolviert werden, muss aber nicht. Auch Wettkämpfe werden bestritten, teils mit und teils ohne Sportbekleidung. Das hat mit sexuellen Treffs nichts gemein. „Menschen, die immer nur nackt sind, wenn sie Sex haben, können sich natürlich nicht vorstellen, dass man sich auch für andere, nichtsexuelle Tätigkeiten ausziehen kann. Das kommt in deren Gedankenwelt gar nicht vor", sagt Krüll.

Was er erlebt, wenn er nackt Yoga praktiziert oder unbekleidet in seiner Wohnung herumläuft? „Es tut gut, den Zwang, sich ankleiden zu müssen, abstreifen zu können. Das gibt ein Gefühl von Freiheit", sagt Krüll. So empfinden das die meisten Menschen, die gern unbekleidet ihre Freizeit verleben.

„Obwohl Nudisten oft als sexuelle Schurken oder psychisch gestörte Individuen dargestellt werden, gibt es reichlich Statements, die zeigen, dass das Praktizieren von Nudismus ein Vergnügen bereiten kann, das weder unmoralisch noch krankhaft ist", schreibt auch der junge Politikwissenschaftler Bouke de Vries, der bis 2018 am Max-Planck-Institut zur Erforschung multireligiöser und multiethnischer Gesellschaften in Göttingen forschte, in einem Fachjournal. Er vertritt die Meinung, dass jeder das Recht darauf haben sollte, in der Öffentlichkeit nackt zu sein, und verweist auf den Wohlfühleffekt bei den Menschen, die es erlebt haben: „Nackt zu sein ist tiefgreifend befreiend. Es ist nicht nur das physische Gefühl von Luft, Sonne oder Meer auf dem ganzen Körper, sondern beinhaltet auch eine psychologische Befreiung." Wenn man seine Kleidung verliere, fielen auch viele soziale Belastungen von einem ab.

Aus dem Wunsch nach der körperlichen Freiheit ist mittlerweile eine ganze Branche erwachsen, der *Natourismus*, also die Verknüpfung von Naturismus und Tourismus. In Deutschland sowie im Ausland gibt es Feriendomizile, in denen Gäste den ganzen Tag unbekleidet umherstreifen können, drinnen wie draußen. Wer Reiseziele nach solchen Bekleidungsfreiheiten auswählt, hat ansonsten die gleichen Bedürfnisse wie andere Urlauber auch. Das ergab 2016 eine Umfrage unter mehr als 1500 Naturisten weltweit. Die Befragten wollten sich körperlich und mental entspannen, neue

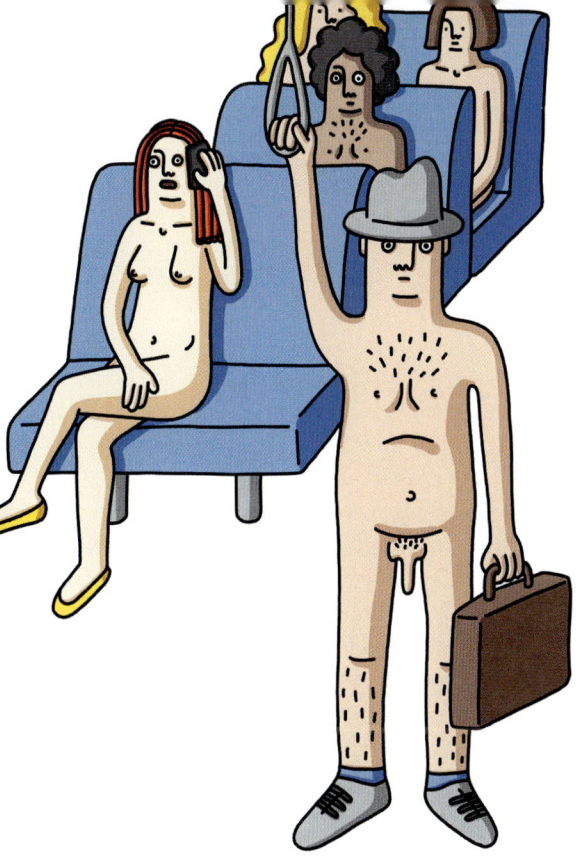

Orte sehen, eine gute Zeit haben. Urlaub eben. Aber sie wollten auch soziale Beschränkungen hinter sich lassen, sich natürlich fühlen und ihre freie Zeit ungestört nackt verbringen.

Nacktsein kann aber womöglich noch mehr als nur entspannen und erheben. „Potenziell kann Naturismus auch als proaktive Körper-Geist-Therapie eingesetzt werden, um Sorgen um das eigene Körperbild zu verbessern, und als Antidot gegen mangelnde Zufriedenheit mit dem Körper", schlägt der Nachwuchswissenschaftler Robert Hargreaves von der *University of London* in einem Forschungspaper vor, in dem er die Erhebungen von Keon West mit eigenen Messungen untermauert. Tatsächlich untersuchte auch West jüngst, ob sich Nacktheit als therapeutische Methode eignet. Er fand seine Annahmen bestätigt: Wer eine dreiviertel Stunde mit anderen unbekleidet Freizeit verbrachte, wusste seinen eigenen Körper im Nachhinein mehr zu schätzen. Das lag vor allem daran, dass die 26 Männer und Frauen ihre Angst da-

vor, wie andere ihren Körper bewerten würden, irgendwann hinter sich ließen.

Wests jüngster Versuch: eine viertägige Nackt-Intervention. Er verband dafür seine bisherigen Studienerkenntnisse mit Methoden aus der Behandlung von Menschen mit Körperbild- oder Essstörungen. Vier Tage lang andere nackt zu sehen, leichtem Sport nachzugehen, über den eigenen Körper und falsche Ideale zu sprechen, sich unbekleidet im Spiegel zu betrachten sowie zum Ende der Therapietage selbst vor anderen nackt zu sein verfehlte die heilsame Wirkung den Befunden zufolge nicht. Die 14 Männer und Frauen im Alter von durchschnittlich 28 Jahren wussten vorher nicht, dass bei der Intervention so viel Haut involviert sein würde. Nur einer beendete den Versuch nicht. Bei den anderen wendete sich das zuvor sehr negative Körperbild durch die Nacktkur massiv zum Guten. Erreichten sie auf einer Skala von 0 bis 5 beim eigenen Körperbild vorher einen Wert von gerade mal 1,3 Punkten, sprang dieser nach den vier Tagen auf 4 Punkte. Ebenso gewannen die Teilnehmenden deutlich an Selbstwertgefühl und Lebenszufriedenheit hinzu. Effekte, die auch einen Monat später noch anhielten.

Eine innere Stärkung, die auch Sonja Rawe erlebt hat. „Ich finde meinen Körper nicht schön", sagt sie. Und wenn sie nackt wandern gehe, sei es im ersten Moment immer komisch. „Doch nach zwei, drei Minuten fühle ich mich einfach nur noch frei und genieße den Wind auf der Haut." Es erfordere jedes Mal Mut, sich zu entkleiden. „Aber seit ich den aufbringe, mache ich mir weniger Gedanken über meinen Körper und wie er auf andere wirken könnte", sagt sie. Nacktsein gebe ihr Selbstbewusstsein, auch in anderen, textilen Situationen. ■

ZUM WEITERLESEN

Bouke de Vries: The right to be publicly naked: A defence of nudism. Res Publica, 25, 2019, 407–424. DOI: 10.1007/s11158-018-09406-z

Keon West: Naked and unashamed: Investigations and applications of the effects of naturist activities on body image, self-esteem, and life satisfaction. Journal of Happiness Studies, 19/3, 2018, 677–697. DOI: 10.1007/s10902-017-9846-1

Keon West: I feel better naked: Communal naked activity increases body appreciation by reducing social physique anxiety. The Journal of Sex Research, 2020, 1–9. DOI: 10.1080/00224499.2020.1764470

Alle Quellen zu diesem Beitrag finden Sie auf unserer Website: psychologie-heute.de/literatur

Knapp und begehrt

Beim Einkaufen spielt die Umgebung eine wichtige Rolle: Sie kann beeinflussen, was in unserem Einkaufswagen landet – oft ohne dass wir es bemerken. Über die Psychologie des Supermarktes

Text: Georg Felser

Der Besuch im Supermarkt ist für uns alltäglich, und doch passiert uns manches immer wieder. Wie oft haben wir schon mehr gekauft als geplant? Wie häufig ungesunde Sachen? Dagegen hilft, sich zu beobachten.

Eine typische Einkaufssituation ist nach Feierabend. Es war ein anstrengender Tag, eigentlich freuen wir uns auf Zuhause. Das ist schon ein erster Faktor beim „zu viel Kaufen": Unsere Entscheidungen werden impulsiver, wenn wir erschöpft sind. Ein Gegenmittel ist ein Einkaufszettel. Normalerweise disziplinieren wir uns mehr, wenn wir eine Liste abarbeiten, und wir sind weniger ablenkbar, wenn wir ein Ziel verfolgen. In einer berühmten Studie etwa bemerkten Probanden nicht einmal, dass ein Gorilla durch das Bild lief, während zwei Teams Basketball spielten, so sehr waren sie damit beschäftigt, die Pässe der Mannschaften zu zählen. Wenn wir also wirklich fokussiert durch den Supermarkt laufen, haben die Gorillas dort – die großen Displays, Verkaufsstände, Sonderangebote – weniger Chancen, uns aufzufallen.

Wichtig ist, bis zum Schluss durchzuhalten: Viele Menschen belohnen sich gern, nachdem sie sich zuvor so fein an ihren Plan gehalten haben, indem sie sich am Ende doch noch eine Menge unnötiger Kleinigkeiten gönnen. Das Gleiche ist beobachtbar, wenn wir gesunde oder nachhaltige Produkte kaufen: Jede Art von „moralischem Verhalten" verstärkt unser Gefühl, an anderer Stelle zu einem weniger moralischen oder vernünftigen Verhalten berechtigt zu sein.

Wenn wir den Supermarkt betreten, haben wir meist auch eine Vorstellung davon, wie lange wir bleiben wollen. Daher bewegen wir uns beim Einkauf unterschiedlich, je nachdem wie viel von unserem Zeitbudget schon aufgebraucht ist. Je länger wir im Markt sind, desto zielstrebiger werden wir. Auch aus diesem Grund steigt gegen Ende des Einkaufs das Risiko für unnütze oder ungesunde Käufe – die letzten Kaufentscheidungen fallen auch unter Zeitdruck und mit weniger Überlegung.

In vielen Supermärkten wird Musik gespielt. Ist sie langsam, verweilen wir meist länger. Auch Instrumentalmusik ist günstig, da sie uns weniger ablenkt als Gesang. Aber meistens wirkt Musik in Kombination mit anderen Dingen. Weihnachtsmusik etwa erinnert uns an die Regel: Jetzt ist es Zeit, Geschenke zu kaufen. Das funktioniert aber nur, wenn sich das Fest wirklich nähert und die Erinnerung sich in der Wirklichkeit bestätigt. Duft kann Ähnliches auslösen, ein Zitrusgeruch etwa ein Bedürfnis nach Sauberkeit und die Absicht zu putzen. Doch Düfte können auch die Stimmung verbessern und Konsumwünsche wecken, etwa wenn es vor der Backtheke nach frischen Brötchen duftet.

Beim Stöbern bleibt unser Blick mal an diesem, mal an jenem Angebot hängen. Meistens bemerken wir nicht, dass wir die Marke, die wir wählen, umso häufiger und länger betrachten, je länger wir vor dem Regal stehen. Das liegt nicht nur daran, dass wir bevorzugt das anschauen, was wir ohnehin besser finden. Wir finden auch umgekehrt das besser, was wir häufiger ansehen. Dieser Prozess schaukelt sich hoch, man spricht von einer regelrechten „Blickkaskade". Deren Richtung können Hersteller und Supermarkt manipulieren: durch die Platzierung im Regal, farbige, helle oder glänzende Verpackungen – was immer den Blick auf sich zieht.

Möglichst viele hinter uns

Ebenso ziehen leere Regale die Blicke auf sich. Sie wirken auf zwei Weisen verkaufsfördernd: Sie zeigen an, was gerade knapp ist, und wir sind immer leicht zu motivieren, uns eine knappe Ressource zu sichern. Und sie liefern einen Hinweis darauf, was andere begehren – und wir deshalb vielleicht auch haben sollten. Das zeigt uns auch großes Gedränge, doch unsere Kauflust würde dabei eher sinken: Beim Einkaufen sind wir zwar meist von vielen Menschen umgeben, an Kontakt sind wir jedoch weniger interessiert. Wenn wir nicht gerade Bekannte treffen, gehen wir anderen eher aus dem Weg. Wenn es dann noch zu ungewolltem Körperkontakt, einer beiläufigen Berührung kommt, sinkt unsere Kaufbereitschaft weiter, und wir gehen eher.

Die Tatsache, dass andere in großer Zahl ein bestimmtes Produkt kaufen, macht dieses aber nicht automatisch attraktiver. Das gilt besonders bei Dingen, wo exklusiver Geschmack gefragt ist, etwa bei Wein. Übrigens auch ein gutes Beispiel dafür, dass wir häufig vom Preis auf die Qualität schließen: Die meisten Menschen können einen Wein nicht einzig anhand der Angaben auf dem Etikett beurteilen. In solchen Fällen neigen wir dazu, mittlere Preiskategorien zu wählen. Was allerdings ein mittlerer Preis ist, kann der Supermarkt prima selbst bestimmen – indem er neben ein teures Produkt ein noch teureres stellt. Die Entscheidung für das teure Produkt erscheint uns damit wie ein vernünftiger Kompromiss.

Und einen weiteren Effekt kann man am Weinregal gut bei sich beobachten: Was wir einmal in der Hand hatten, fühlt sich immer ein bißchen an wie ein Besitz. Es wieder wegzulegen ist psychologisch nicht so wie ein Kauf, den man nicht getätigt hat, es ist eher wie etwas, das man verliert – und Verluste schmerzen uns mehr als entgangene Gewinne.

An der Kasse werden die Menschen um uns herum erneut zum Bezugspunkt. Sieben Wagen noch – das klingt viel! Wie wir uns beim Warten fühlen, hängt aber stärker davon ab, wie viele nach uns folgen. Solange es von denen genug gibt, ist alles nicht so schlimm. Es kommt eben in vielen Lebenslagen darauf an, dass es andere gibt, denen es noch schlechter geht als einem selbst. ∎

QUELLEN

Georg Felser: Werbe- und Konsumentenpsychologie. Springer, Berlin 2015

Olaf Hartmann, Sebastian Haupt: Touch! Der Haptik-Effekt im multisensorischen Marketing. Haufe, Freiburg 2016

Alle Quellen zu diesem Beitrag finden Sie auf unserer Website: psychologie-heute.de/literatur

Prof. Dr. Georg Felser hat in Trier Psychologie und Philosophie studiert. Seit 2001 ist er Hochschullehrer für Markt- und Konsumpsychologie an der Hochschule Harz in Wernigerode. 1997 erschien sein Lehrbuch *Werbe- und Konsumentenpsychologie,* das mittlerweile in der vierten Auflage erhältlich ist

Das Abenteuer zum Ich

Ob in Blockbustern oder antiken Mythen:
Kulturübergreifend fasziniert uns mit der
Heldenreise das immerselbe Erzählmuster.
Welche psychischen Konflikte stecken darin?

Text: Christian Roesler // Illustration: Simón Prades

D as Land sieht sich einer mächtigen Bedrohung gegenüber, aber die Führung realisiert diese nicht. Nur ein Mann erkennt, dass der Untergang droht, erhebt sich und stellt sich dem bösartigen Gegner, er begibt sich ins Herz der Gefahr – allein und auf sich gestellt –, erhält aber auf wunderbare Weise Hilfe und überwindet schließlich die Bedrohung. Er befreit das Land und gewinnt nebenbei noch das Herz einer schönen Frau. Kommt Ihnen das bekannt vor?

Vermutlich ja, wenn Sie in letzter Zeit einmal im Kino waren. Dies ist ein Strickmuster vieler populärer Spielfilme. Es reicht aber weit über die Anfänge des Kinos zurück – wohl bis in die Zeit, als die Menschen begannen, sich Geschichten zu erzählen. Wir finden dasselbe Erzählmuster schon in den antiken Sagen und Mythen, ja selbst in den Märchen und Mythologien traditioneller Völker, die unter Steinzeitbedingungen lebten. Und auch in Werbe- und Zeitungstexten von heute. Die Regisseurin Doris Dörrie bezeichnete es in einem Dramaturgieworkshop für Journalisten und Journalistinnen als Droge. Leser und Zuschauerinnen verlangten danach. Selbst wenn man ihm, wie Dörrie, nicht immer folgen will, lohnt es zu wissen, was uns Menschen kulturübergreifend so sehr daran fasziniert. Carl Gustav Jung, der Begründer der analytischen Psychologie, war einer der Ersten, die das untersucht haben. Er bezeichnete dieses Geschichtenmuster als Archetyp des Heldenmythos.

Die Archetypen bilden das theoretische Fundament der jungschen Psychologie, sie machen deren Besonderheit gegenüber allen anderen psychotherapeutischen Schulen aus, sie waren – neben persönlichen Angelegenheiten – der ganz wesentliche Grund für die theoretischen Differenzen und den Bruch zwischen Freud und Jung und markieren den Beginn der Ausformulierung von Jungs eigenem psychologischen Theoriegebäude.

Am besten lässt sich Archetyp mit dem Wort Urbild übersetzen. Archetypen sind nach Jungs Verständnis Muster des Erlebens und Verhaltens, die stark mit Gefühlen aufgeladen sind und sich unbewusst auf unser Verhalten auswirken. Sie drücken sich häufig in symbolischer Form aus. Wenn sie uns ergreifen, erleben wir Archetypen als numinos, das heißt irgendwie machtvoll, ehrfurchtgebietend, sogar beängstigend. Sie strukturieren das kollektive Unbewusste, jenes Konzept von Jung, wonach es ein allen Menschen gemeinsames psychisches Erbe gibt, das in uns wirkt, ohne dass wir es merken. Jung nimmt an, die Archetypen seien universell, also überall auf der Welt zu allen Zeiten bei allen Menschen gleichermaßen vorhanden. Ein Beispiel ist das Symbol des Kreuzes: Kreuzdarstellungen finden sich bereits in der Jungsteinzeit in vielen Kulturen auf der ganzen Welt, sowohl in Europa als auch in Indien, und sie werden bis heute als religiöses Symbol verehrt. Das Kreuz konnte aber auch in der Moderne, außerhalb von Religionen, Massen ergreifen und Verehrung auslösen – in Form des Hakenkreuzes. Offenbar drückt sich in dem Symbol ein sehr umfassender, ergreifender Inhalt aus, der sich nur schwer in Worte fassen lässt. Archetypen können sich aber eben auch in narrativen Mustern finden, etwa in dem von der Fahrt des Helden*.

Inspiration für den eigenen Lebenslauf

Narrative, also Erzählungen haben eine bestimmte Grundstruktur: Am Anfang steht ein Problem, das die Geschichte erst erzählwürdig macht; dann folgen Höhen und Tiefen, manchmal in Form einer Steigerung zu einem Höhe- und Wendepunkt hin, bis zur Lösung der Schwierigkeit. Insofern beschreiben sie Problemlösungswege. Verknüpft man dies mit Jungs Gedanken, dass bestimmte Narrative, wie eben Märchen und Mythen, archetypische Grundstrukturen abbilden, so lässt sich sagen, dass Narrative archetypische Wege von einem Anfangsproblem hin zu einer Lösung zeigen. Das macht sie für die Psychologie so interessant: Denn es lässt sich tatsächlich zeigen, dass Menschen ihre eigene Lebensgeschichte entlang solcher mythologischer Narrative entfalten und die Archetypen also noch heute Wirkung auf Biografien haben. In einer Interviewstudie mit Menschen, die im Laufe ihres Lebens eine Behinderung oder chronische Erkrankung verarbeiten mussten, erfuhr ich, dass viele von ihnen den Umgang mit der Krankheit oder Behinderung als einen heldenhaften Kampf darstellten und ihnen das zu einer stabilen, den Selbstwert stärkenden Identität verhalf.

Da Märchen und Mythen also Lösungsmöglichkeiten von allgemeinmenschlichen Problemen darstellen, kann man sie in der Psychotherapie verwenden. Andersherum ist es psychologisch interessant, für welche Narrative sich eine Person

interessiert. Denn das sagt viel über ihre innere Situation im Sinne von ungelösten Lebensthemen, unbewussten Problem- und Konfliktkonstellationen aus. In der jungschen Psychologie ist es daher durchaus üblich, zu Beginn einer Psychotherapie das Lieblingsmärchen der Kindheit zu erfragen.

Wenn nun die Heldenreise so universell auf Interesse stößt, scheint sie besonders grundlegende Themen zu verhandeln. Es lohnt sich, sie tiefenpsychologisch zu interpretieren. Demnach ist der Held die Personifikation eines Ich-Bewusstseins, also das Zentrum der bewussten Persönlichkeit, der Ort von Steuerung, Planung und Willensentscheidungen. Angesichts einer psychischen Herausforderung nimmt er das Wagnis auf sich, in die eigenen Tiefen hinabzusteigen, um sich aus den dort vorgefundenen archetypischen Strukturen eine neue Lebens- und Sinnorientierung zu suchen und sich auf dieser Basis zu erneuern. Daher findet sich in fast allen Heldenmythen – und auch den meisten Märchen – das Motiv der Nachtmeerfahrt: Der Held muss sich in die Tiefe begeben, in die Unterwelt oder die Höhle des Drachen, jedenfalls in eine Situation äußerster Gefahr und Ausgesetztheit, um gerade dort in der Tiefe den gesuchten Schatz, die gefangene Jungfrau oder das Wasser des Lebens zu finden und es wieder mit an die Oberfläche zu bringen.

Dies wäre ein sehr allgemeines archetypisches Bild für den Prozess, den man nach Jungs Verständnis auch in der Psychotherapie zu vollziehen sucht. Es geht um ein Sicheinlassen, um eine Befruchtung oder Korrektur des Bewusstseins dadurch, dass man die Inhalte des eigenen Unbewussten zulässt. So kann es zu einer Transformation und Neuorientierung der Persönlichkeit kommen, letztlich einer Ergänzung und Erweiterung auf die eigene Ganzheit hin. Der Held ist so mutig, weil er dieses Wagnis und die damit verbundenen Ängste auf sich nimmt. Er stellt hier nicht eine Person dar, sondern ist ein Symbol für das Ich-Bewusstsein des Menschen, das sich auf das Wagnis der Auseinandersetzung mit dem eigenen Unbewussten einlässt. Seine Reise verbildlicht also die Bewusstseinsentwicklung des Menschen, in der sich das Ich aus der Umklammerung unbewusster Kräfte befreit und handlungsfähig wird, bei welcher also universale Menschheitsthematiken durchlaufen werden müssen. So symbolisiert der Heldenmythos den Individuationsprozess, den Weg der seelischen Reifung, der Entwicklung des individuellen Ich-Bewusstseins durch Auseinandersetzung mit spezifischen Herausforderungen, Konflikten, Erfahrungen und dem eigenen Unbewussten. Die Drachen und Monster der Märchen und Mythen sind also letztlich, tiefenpsychologisch betrachtet, unsere eigenen Ängste und unbewältigten Komplexe. Interessant ist, dass der Held bei dieser Nachtmeerfahrt regelmäßig Unterstützung von hilfreichen Figuren erhält. Auch sie können wir als innere Anteile begreifen. Zum Beispiel erhält der Held häufig eine Kappe, die ihn unsichtbar macht – tiefenpsychologisch kann man das als die Fähigkeit verstehen, seine Absichten und Motive noch verborgen zu

Die Heldenreise

Der Mythenforscher Joseph Campbell hat die Schritte der Heldenreise systematisiert, hier werden sie mit Passagen der *Star Wars*-Saga skizziert

Konflikt und Ruf

Den Ausgangspunkt bildet eine Konfliktsituation oder ein Mangel. Die Person, die später der Held wird, erhält einen Ruf, in der Regel muss sie eine Bedrohung abwehren und dafür in ein fremdes Land, oft an unheimliche oder bedrohliche Orte, „Unterwelt" oder „Nachtwelt" nennt Campbell diese. In *Star Wars* ist der Protagonist der junge Luke Skywalker, er erscheint wie jeder Held am Anfang unbedarft und naiv. Den Auftrag erhält er durch ein Hologramm, das von zwei Robotern übermittelt wird, die auf der Flucht vor den Truppen des bösen Imperiums auf seinem Planeten gelandet sind.

Weigerung

Da beim Aufbruch zu einer Heldenfahrt Sicherheiten aufgegeben werden müssen, zögert der Held.

Aufbruch

Mit dem Überwinden der Schwelle – Luke Skywalker tut dies im Raumhafen auf dem Planeten Tatooine – betritt er die andere, magische Welt.

Übernatürliche Hilfe

Der Held begegnet einem Helfer oder einer Helferin, die ihn unterstützen, seinen Horizont weiten und ihn mit der Herausforderung konfrontieren oder auf diese vorbereiten. Oft versorgen sie ihn auch mit einem Elixier, einem Talisman oder anderen Schutzelementen. In *Star Wars* ist der Mentor der gealterte Jediritter Obi-Wan Kenobi.

Prüfungen

Es treten Hindernisse auf, die als Tests interpretiert werden können, Schutzelemente des Mentors können hierbei helfen.

Konfrontation und Kampf mit dem Widersacher

Häufige Motive sind hierbei der Kampf mit Drachen und Ungeheuern (Siegfried) oder die Nachtmeerfahrt, eine Reise in die Finsternis, die Unterwelt oder andere extreme Orte (Jona im Bauch des Walfischs). Auch hierbei erhält der Held Unterstützung von Helferinnen. Bei *Star Wars* teilt sich die Truppe im Innern des Todessterns, Luke macht sich auf zur Befreiung der gefangenen Prinzessin, während Obi-Wan Kenobi sich dem Kampf mit dem dunklen Lord Darth Vader stellt, seinem ehemaligen Schüler.

Transformation und Initiation des Helden

Auf dem Höhepunkt wird der übermächtige Gegner besiegt und die Welt gerettet. Häufig gelingt dies erst, nachdem der Held in einen Zustand höchster Not, Verzweiflung und Ausgesetztheit geraten ist. Er zeigt Angst und Beklemmung. Nur indem er alte Verhaltensmuster und Erfahrungen loslässt, kann er alle Kräfte mobilisieren. Ein häufiges Zusatzelement ist die Befreiung der Jungfrau. Auch Luke rettet die Prinzessin und sie flüchten gemeinsam. An der Schwelle zur Beendigung der Heldenreise kämpft er mit den Rebellinnen gegen das Imperium um den Todesstern und es gelingt ihm nach den üblichen Schwierigkeiten, den Todesstern zu zerstören.

Verweigerung der Rückkehr

Der Held zögert, in den Alltag zurückzukehren. Dies erscheint oft als Flucht vor Verantwortung in der ursprünglichen Welt (zum Beispiel verweilt Odysseus bei Kalypso, obwohl Penelope schon Jahre auf ihn wartet und von Freiern belästigt wird).

Verlassen der Unterwelt und Überschreiten der Schwelle

Bei diesem Übergang zeigen sich Schwierigkeiten, da dem Helden zunächst Unverständnis oder Unglaube entgegengebracht wird.

Rückkehr und „Herr der zwei Welten"

Nach der Rückkehr ersetzt der Held in der Regel den bisherige Herrscher. Er kennt nun beide Welten und kann seine neu erworbenen Erkenntnisse in die diesseitige Realität einbringen.

Magische Werkzeuge stehen für innere Anteile. Ressourcen, die der Held zu nutzen lernt

halten, weil die Zeit für eine offene Auseinandersetzung noch nicht reif ist. Indem er den Beistand annimmt, entdeckt er also seine noch unentwickelten inneren Fähigkeiten.

Im Fall der James-Bond-Filme zeigt sich dieses Element immer wieder im Leiter der technischen Abteilung „Q". In höchster Not kann er Bond mit einem neuen technischen Hilfsmittel retten und ermöglicht es ihm, im Endkampf das Böse zu besiegen. Überhaupt ist die Filmserie, die kommendes Jahr ihr 60-jähriges Jubiläum feiern darf, ein herausragendes Beispiel für die archetypische Geschichtenstruktur. Der Held James Bond, ein moderner Ritter – tadellos gekleidet, mit vollendeten Umgangsformen, die Personifikation des Gentleman –, kämpft in der Regel um nichts weniger als die Rettung der Welt. Seine Gegner haben dabei von Anfang an immer etwas Monströses, eine Missgestaltung oder geradezu märchenhafte Kräfte und Fähigkeiten, wie der berühmte „Beißer" – er entspricht dem Ungeheuer oder Drachen des Mythos. Es gibt niemals einen Zweifel daran, dass die Bösewichte durch und durch böse sind und in der Regel die Vernichtung der Welt planen. In allen Filmen der Serie findet sich eine Situation, in der Bond sich den Gegnern allein gegenübersieht, isoliert und ausgesetzt ist und sein Kampf aussichtslos zu sein scheint angesichts ihrer Übermacht. Niemals aber gibt er auf oder lässt die Hoffnung fahren. Häufig muss er in höhlenartige Strukturen des Gegners hinuntersteigen oder sich zumindest im übertragenen Sinne in die Höhle des Löwen wagen. Neben der Rettung der Welt kümmert er sich in allen Filmen immer auch um eine schöne Frau in den Fängen des Gegners. Anfangs scheint das unmöglich, aber Bond macht dieses Unmögliche möglich, überwindet die Gegner, befreit die Frau und vereinigt sich am Ende mit ihr.

Auch andere der erfolgreichsten Actionfilme der letzten Jahrzehnte weisen dieselbe Struktur auf, etwa die *Bourne*-Serie, *Mission: Impossible* oder *Stirb langsam*. Man könnte vermuten, dass deren Drehbuchautoren und Regisseurinnen auf ihr intuitives Wissen um die archetypischen Geschichtenstrukturen zurückgreifen. Das ist sicherlich auch in vielen Fällen so und entspricht dem Verständnis der analytischen Psychologie vom Künstler, der einen besonders intuitiven Zugang zu den archetypischen Grundmustern der Seele hat und diese in künstlerischen Formen zum Ausdruck bringen kann. Erstaunlicherweise ist es aber so, dass zumindest in

Hollywood die Filmindustrie schon sehr früh ganz gezielt und bewusst auf psychologisches Wissen um die Strukturierung von Geschichten und den Erfolg bestimmter Geschichtenstrukturen zurückgegriffen hat, auch explizit auf Jungs Theorien. In dessen Nachfolge hat die Heldenreise als Archetyp vor allem durch eine Publikation des englischen Mythenforschers Joseph Campbell Verbreitung gefunden: *Der Heros in tausend Gestalten*. Auch Christopher Vogler hat das Konzept popularisiert, er ist seit Jahrzehnten einer der bekanntesten Dozenten für Drehbuchautoren und Mentor für die Drehbuchschreiberinnen der großen Produktionsfirmen in Hollywood. In seinem Buch *Die Odyssee der Drehbuchschreiber* greift er auf die Arbeit von Joseph Campbell zurück und zeigt, wie man den Heldenmythos als Bauplan für Drehbücher verwenden kann. Er analysiert diese Grundstruktur an einer Reihe moderner Spielfilme, unter anderem *Titanic*, *Pulp Fiction*, *Der König der Löwen* oder *Krieg der Sterne*.

Ob es diese oder andere Filme waren: Wir alle haben schon erlebt, dass uns Filme stark ansprechen. Die Erlebnisse ihrer Charaktere bewegen uns, bis dahin, dass wir die innere Beschäftigung mit ihnen in unseren Alltag und unsere Beziehungen mit hineinnehmen. Häufig folgen die Filme dabei der Entwicklung eines anfänglich schwachen Ichs, das sich aus den Fängen unbewusster Kräfte befreit, beispielsweise von Minderwertigkeitskomplexen, um am Ende mit der gewonnenen Kraft das eigene Leben steuern zu können und beziehungsfähig zu werden. Die schöne Frau, die der Held typischerweise rettet, kann als Personifikation der Beziehung zur eigenen Psyche beziehungsweise sogar der Beziehungsfähigkeit an sich gesehen werden. Es ist also anzunehmen, dass gerade solche Menschen von diesem Mythos angezogen sind, die noch damit befasst sind, ihre Ich-Stärke zu entwickeln und sich sowohl aus den persönlichen Bindungen der Kindheit als auch der unbewussten Bindung an kindliche Bedürfnisse und Ängste zu lösen. Vermutlich sind das insbesondere junge Menschen. Dieser Mythos hat auch in der Spätmoderne nichts von seiner Relevanz und Anziehungskraft für die Individuen verloren. Erfolgreiche Filmproduzentinnen und -regisseure verstehen es, solche Geschichtenstrukturen zu nutzen und ihnen in ihren Filmen neue Gestalt zu geben. ■

Christian Roesler ist jungianischer Psychoanalytiker, Paartherapeut und Professor für klinische Psychologie an der Katholischen Hochschule Freiburg. Er hat unter anderem archetypische Muster in Biografien erforscht

ZUM WEITERLESEN

Joseph Campbell: Der Heros in tausend Gestalten. Insel, Berlin 2011

Christian Roesler: Das Archetypenkonzept C. G. Jungs. Theorie, Forschung und Anwendung. Kohlhammer, Stuttgart 2016

Christian Roesler: Archetypische Muster in Lebensgeschichten. Integrative Therapie, 28, 3/4, 2002, 210–237

Frau Wiese schließt eine Lücke

Text: Mariana Leky
Illustration: Elke Ehninger

Ich sitze mit meiner Nachbarin Frau Wiese im Auto, wir fahren in den Wald. Frau Wiese will mir jemanden vorstellen, und wenn ich nicht wüsste, dass sie sehr glücklich liiert ist, könnte ich meinen, sie wolle mir eine neue große Liebe zeigen. „Kennen Sie das", fragt sie mich, während sie ziemlich schnell die Landstraße herunterbrettert, „man sieht jemanden und weiß sofort, dass er einem immer gefehlt hat? Obwohl einem das gar nicht aufgefallen ist?"

Ich kenne das, glücklicherweise. Solche Begegnungen lassen mich immer wenigstens kurzfristig an Seelenwanderung glauben. Man begegnet jemandem und ahnt, dass man schon mal gemeinsam einem Unglück entgangen oder schon mal in einer Familie aufgewachsen ist. „Da bist du ja wieder", denkt man, „endlich", obwohl man gar nicht wusste, dass man das ganze aktuelle Leben lang nach dieser Person gesucht hat – man merkt es erst in dem Moment, in dem man sie findet.

Frau Wiese geht das mit Kriel so. Kriel heißt wirklich Kriel mit Vornamen, ich habe mehrfach nachgefragt und Frau Wiese auch, Kriel heißt Kriel wie ein Kölner Stadtteil. Es ist ein paar Wochen her, da spazierte Frau Wiese durch den Wald, um wieder mal über irgendetwas nachzudenken, ein Für und Wider abzuwägen. Frau Wiese meint irrigerweise, es helfe, immer wieder Fürs und Widers gegeneinander antreten zu lassen, sie hofft, dass dann irgendwann das Für oder das Wider erschöpft aus der Arena getragen wird und man mit einer ganz zweifellosen Entscheidung dastehen kann. Plötzlich kam Frau Wiese auf dem Waldweg jemand entgegen, eine Frau mit einem Jagdhund an der Leine, einer Sprühdose in der Hand – und knapp über der Schulter der Frau, so sah es Frau Wiese vor ihrem geistigen Auge, schwebte ein zweifelloses Für.

Frau Wiese, die nur selten etwas sofort weiß, wusste sofort, dass sie Kriel gefunden hatte, ohne sie zu suchen. „Da bist du ja endlich", dachte Frau Wiese, als Kriel auf sie zukam, und deshalb war es unmöglich, wie herkömmliche Spaziergänger knapp grüßend aneinander vorbeizugehen, weil man sich, auch das wusste Frau Wiese sofort, ein Vorbeigehen das ganze verbleibende aktuelle Leben lang vorwerfen würde. Deshalb deutete Frau Wiese auf Kriels Sprühdose und sagte: „Guten Tag, sind Sie Graffitikünstlerin?"

„Nein", sagte Kriel, „ich zeichne Bäume aus." „Toll", sagte Frau Wiese, die noch nicht wusste, dass Försterinnen Bäume nicht für besondere Leistungen auszeichnen, sondern um sie fällen zu lassen. „Darf ich mich Ihnen anschließen?", fragte sie, was eine heikle Frage an jemanden ist, dem man in einem mutmaßlichen früheren Leben oft, im aktuellen Leben allerdings zum ersten Mal begegnet. Kriel schaute überrascht, weil sie noch nicht wusste, dass sie auf Frau Wiese gewartet hatte, aber zum Glück merkte sie das recht schnell und sagte: „Aber natürlich."

Frau Wiese ging Kriel also hinterdrein durch den Wald. Zunächst wurde geschwiegen. Es wurde angenehm geschwiegen, denn es gab nichts, was zu früh oder zu spät gesagt werden konnte; es wurde aufgeregt geschwiegen, denn das Schweigen war wie ein Anlauf. Und dann ging es los. Es ging los mit dem Erzählen, Kriel und Frau Wiese fingen mit allem möglichen Durcheinander an. Sie erzählten sich die Highlights und Wendepunkte ihres ganzen aktuellen Lebens, alles, was bisher geschehen war, was die andere verpasst hatte, und alles war gleich wichtig und gleichzeitig überhaupt nicht wichtig. Und immer wieder, während Frau Wiese erzählte und zuhörte, dachte sie in Richtung Kriel, dass sie die Lücke gewesen war zwischen all den Menschen, die Frau Wiese gefunden hatte – eine Lücke, die Frau Wiese erst in dem Moment bemerkte, als sie sich schloss.

Seither fährt Frau Wiese immer wieder in den Wald zu Kriel, heute mit mir. Frau Wiese ist wie immer aus dem Ei gepellt, ich kenne niemanden, der auch für Waldspaziergänge so perfekt geschminkt ist wie Frau Wiese.

Kriel erwartet uns vor dem Forsthaus. Optisch ist sie das Gegenteil von Frau Wiese, sie ist spindeldürr, immens groß, sie hat einen strohblonden, ganz offensichtlich selbstgemachten Bürstenschnitt, sie hat gewitterblaue Augen und einen Jagdhund, der Heidrun heißt (alle haben hier seltsame Namen).

Frau Wiese stellt Kriel und mich einander vor, sie präsentiert Kriel wie eine Weltsensation. Bei genauerer Betrachtung hat Kriel die Hautfarbe von Donald Trump mit Fieber. Später stellt sich heraus, dass Kriel sich zur Feier des Tages geschminkt hat, leider aber zum ersten Mal im Leben. Wir gehen los in den Wald, Frau Wiese hat die ganz falschen Schuhe an, das macht nichts. Kriel erzählt mir von den Bäumen, mit denen sie seit über zwanzig Jahren zusammenlebt, sie hat eine Stimme, die farblich wunderbar zu den Fichten passt.

Sie macht große Schritte in Siebenmeilengummistiefeln, Frau Wiese trippelt glücklich nebenher, Kriel erzählt vom Auszeichnen der Bäume und deutet immer wieder in die Baumkronen. Frau Wiese legt dann den Kopf in den Nacken und schaut so lang in den Himmel, bis Kriel sie an der Hand nimmt und weiterzieht. Es ist schön, Frau Wiese so ohne jedes Wider zu sehen, so glücklich in vollkommen durchweichten Strümpfen.

„Letztens war ich mit Katja schießen", erzählt Kriel, und ich muss kurz überlegen, wer Katja ist, weil ich Frau Wieses Vornamen nicht gleich parat habe. „Mit Frau Wiese?", frage ich, weil ich mir das kaum vorstellen kann, weil ich Frau Wiese in durchweichten Pumps in einem Hochsitz sehe, wie sie mit bebenden Händen verheerend durch die Gegend ballert.

„Auf Dosen", sagt Frau Wiese erklärend. Kriel zieht eine Klette aus dem Fell ihres Hundes und wischt sich dann mit ihrer riesigen Hand über die Augen, sie hat längst vergessen, dass sich da verschmierbare Wimperntusche befindet. „Katja schießt gut", sagt sie, „Sie hat eine sehr ruhige Hand. Sie zielt entschlossen und präzise."

Ich starre Frau Wiese an, meine ewig zaudernde Frau Wiese, die Kriel gefunden hat, damit sie die entschlossene und präzise Katja findet, die wie Kriel immer da und bislang nur nicht gefunden worden war. Eine Weltsensation. ∎

Mariana Leky stand mit ihrem Roman *Was man von hier aus sehen kann* über ein Jahr auf der Spiegel-Bestsellerliste. In *Psychologie Heute* schreibt sie jeden Monat darüber, was die Menschen, die sie umgeben, bewegt. Mit psychologischen Themen kennt sich Leky aus: In ihrer Familie sind zehn Psychoanalytiker

Buch & Kritik

REDAKTION: KATRIN BREN

S.83

Werner Bartens   Lob der langen Liebe

S.84

mvgverlag   ELAINE N. ARON   **HOCHSENSIBLE ELTERN**

S.84

KATHRIN SOHST   WER STÄRKER FÜHLT, HAT MEHR VOM LEBEN

S.84

Lo • Sensibilität und emotionale Intensität

S.86

THERAPY FLOWERS

S.86

Depression   *Das Richtige tun*

S.86

Christiane Hastrich   Barbara Lueg   **STATT EINSAM GEMEINSAM**

Moser   Zuversicht und Resignation

S.87

S.88

DROEMER   **JENS FÖRSTER**   **SCHUBLADE AUF, SCHUBLADE ZU**

BELTZ   Katharina Grünewald   Glückliche Patchworkpaare

S.89

S.90

ANDERS FÜHLEN   **BENNO GAMMERL**   Hanser

HIRZEL   Bernd Gomeringer · Jessica Sänger   Ulrike Sünkel (Hrsg.)   Vögel im Kopf

S.91

Nach den Schmetterlingen

Werner Bartens zeigt, warum sich das oft mühevolle Ringen in langjährigen Beziehungen lohnt

„Ich möchte dir helfen in deinem Freiheitskampf", sang Paul Simon 1975 in seinem Hit *50 Ways to Leave Your Lover*. Wie viele Menschen der fröhliche Song wohl ermutigte, eine von Unterdrückung und Aggressionen geprägte Beziehung zu beenden?

Werner Bartens, Bestsellerautor und leitender Wissenschaftsredakteur der *Süddeutschen Zeitung*, nennt in seiner vergnüglichen und faktenreichen Streitschrift *Lob der langen Liebe* mindestens 50 Wege, eine brüchige Beziehung zu retten, und noch mal so viele Gründe, warum sich das oft so mühevolle Ringen um eine krisenfeste Partnerschaft lohnt.

Das Buch bietet unterhaltsame Anekdoten aus dem Beziehungsalltag, tiefgründige Zitate großer Denker und faszinierende Forschungsergebnisse. Bartens untersucht zahlreiche Unterschiede zwischen dem Rauschzustand der Verliebtheit, der nach etwa 18 Monaten schwächer wird, und der reifen Liebe, die bis ans Lebensende dauern kann. Erst in der reifen Zweisamkeit könnten die Paare einander mit allen Schwächen und Schattenseiten akzeptieren und im Alltag unterstützen. Diese sei stiller, subtiler und weniger aufregend, aber nicht weniger erfüllend.

Der Autor warnt vor einer hedonistischen und narzisstischen Selbstentfaltungskultur, welche die Wonnen der frischen Verliebtheit als authentischen Gefühlsausdruck verkläre und langfristige Beziehungen als langweilig und einengend verdamme. Er beschreibt Merkmale einer toxischen Beziehung wie Verachtung, die gegen deren Fortsetzung sprechen. Er fürchtet jedoch, dass immer mehr Menschen ihre Partnerinnen und Partner so häufig und leichtfertig wechseln wie ihre Konsumgewohnheiten.

Bartens bespricht imposante Studien, welche die segensreichen Wirkungen von Paarbeziehungen auf die körperliche und geistige Gesundheit sowie die Zerstörungskraft von Einsamkeit und Trennungsschmerzen belegen. Seine Analysen sprechen für die These, dass längere Partnerschaften meist auch bessere Partnerschaften sind. In einer angeführten Studie gingen Senioren in mindestens 35 Jahre alten Ehen deutlich besser mit Streitpunkten um als Menschen mittleren Alters, die seit über 15 Jahren verheiratet waren. Unklar bleibt, ob die verbesserte Konfliktfähigkeit aus dem höheren Alter beider Partner oder der längeren Partnerschaft resultierte. Leider ignoriert Bartens neue Studien zum heißen Thema Polyamorie, diese hätten ins Buch gehört.

Wer die Herausforderungen langjähriger Beziehungen meistern will, erhält nützliche Ratschläge. So empfiehlt Bartens, sich regelmäßig zu aufregenden Dates zu verabreden, den Partner oder die Partnerin ständig mit Worten und Gesten der Zuneigung zu verwöhnen und kritische Gespräche nur in freundlicher und respektvoller Atmosphäre zu führen.

Dieses mit viel Humor und doch großem Ernst geschriebene Manifest für die reife Partnerschaft macht Lust darauf, gemeinsam und stets aufs Neue die Kunst der Liebe zu erlernen.

Michael Holmes

> „Ein realistischer Blick hilft dabei, weder sich noch den Partner noch die Beziehung mit überzogenen Ansprüchen und falschen Erwartungen zu überfordern"

Werner Bartens

Werner Bartens: Lob der langen Liebe. Wie sie gelingt und warum sie unersetzbar ist. Rowohlt Berlin, Berlin 2020, 316 S., € 20,–

 Leseprobe in der App

Feine Antennen

Hochsensible Menschen machen es ihrer Umgebung manchmal schwer, doch auch sie selbst haben es nicht leicht. Drei Ratgeber zeigen Strategien, um die Reizüberflutung zu bewältigen

In den letzten Jahren ist das Thema Hochsensibilität zunehmend in den Fokus der Öffentlichkeit gerückt, in der psychologischen Forschung ist es aber nach wie vor umstritten. Auch wenn die drei nachfolgend besprochenen Bücher den wissenschaftlichen Nachweis ebenso schuldig bleiben, bieten sie wertvolle Einblicke in die Welt der Hochsensiblen.

Pionierin und unangefochtene Expertin in Sachen Hochsensibilität ist die Psychologin Elaine Aron, die den Begriff 1996 prägte. Aron sieht darin ein Temperamentsmerkmal, kennzeichnend dafür sei eine höhere sensorische Verarbeitungssensitivität. Hochsensibilität umfasse vier wesentliche Aspekte: die Tiefe der Wahrnehmungsverarbeitung, schnelle Überreizung, emotionale Empfänglichkeit und ein klares Gespür für feinste Reize. Schätzungsweise seien 15 bis 20 Prozent der Bevölkerung hochsensibel.

In ihrem neuen Buch *Hochsensible Eltern* widmet sich Aron einem zentralen Thema von Hochsensiblen. Wenn das Elternsein im Allgemeinen schon eine Herausforderung darstelle, dann erst recht für Hochsensible, so die These Arons. Hochsensible Eltern litten schnell unter Reizüberflutung und sie bräuchten viel Zeit für sich selbst, um ihre Batterien wieder aufzuladen.

Die Autorin erklärt das Phänomen Hochsensibilität gut verständlich, das Buch enthält einen Selbsttest für Leser sowie Erfahrungsberichte betroffener Eltern. Systematisch wird die ganze Palette möglicher Problemfelder erarbeitet: Überreizung, Entscheidungsschwäche im Erziehungsalltag, überbordende Emotionen, Schuldgefühle und Stress („Multitasking fällt gerade Hochsensiblen besonders schwer"), Konflikte in der Paarbeziehung oder mit dem Kind, der Umgang mit der ständig urteilenden sozialen Umgebung. Hier geben

viele erprobte Übungen aus der Verhaltens-, der Achtsamkeits- oder Paartherapie konkrete Hilfestellungen.

„Hochsensible verleihen dem Elterndasein neue Tiefe", so Arons Motto, sie seien sogar die besseren Eltern. In einer aktuellen Studie zeigt sie, dass Hochsensible das Elternsein zwar als „schwieriger" erlebten, sie aber „ein besseres Gespür für ihre Kinder" hätten als andere Eltern. Aron legt ein fachkundiges, in zugewandtem Ton verfasstes Buch vor, das umfassend spezifische Probleme hochsensibler Eltern behandelt.

Elaine N. Aron: Hochsensible Eltern. Zwischen Empathie und Reizüberflutung – wie Sie Ihrem Kind und sich selbst gerecht werden. Aus dem amerikanischen Englisch von Elisabeth Liebl. Mvg, München 2020, 296 S., € 17,99

Ihre Welt als Hochsensible und den Weg ihrer Selbstfindung beschreibt Kathrin Sohst, PR-Beraterin, „Emotional Leadership Practitioner" und Coach, mit *Wer stärker fühlt, hat mehr vom Leben*. Dabei macht sie nicht Halt vor weitschweifigen Betrachtungen über Leben und Gesellschaft und die Rolle, die Hochsensible darin spielen sollten. Ihnen obliege die Aufgabe als Mahner, „so eine Art Frühwarnsystem der Gesellschaft", wenn die Dinge aus dem Lot gerieten. Neben allem Persönlichen bietet das Buch „Impulse" und Übungen, die allerdings sehr allgemeinen Rezepten entsprechen.

Das mit großem Sendungsbewusstsein und Idealismus vorgetragene Anliegen, dass Hochsensible durch ihre Feinfühligkeit die Welt zu einem besseren Ort machen könnten, ist gut gemeint – als Ratgeber für Betroffene ist das Buch nicht sonderlich ergiebig.

Wirklich auf die Nöte und Bedürfnisse hochsensibler Menschen zugeschnitten ist das bemerkenswerte Buch der Psychotherapeutin Imi Lo *Sensibilität und emotionale Intensität*. Auch wenn die Autorin die Arbeit Elaine Arons ausgiebig würdigt, wählt sie einen anderen Ansatz: Sie spricht nicht von Hochsensibilität, sondern von emotional intensiven oder emotional begabten Menschen. Worin bestehen deren Probleme? Menschen mit besonders feinen Antennen hätten oft ein angstbasiertes Selbstbild, sähen sich selbst „als zerbrechliches Wesen, das der Welt nicht gewachsen ist und daher beschützt und abgeschirmt" werden müsse. Sie richteten ihr Leben auf Vermeidung statt auf Wachstum und Entfaltung ein. Imi Lo geht es nun darum, die „verborgenen Schmerzpunkte freizulegen" und bei Betroffenen Resilienz aufzubauen.

Sie nennt die Dinge beim Namen, und so widmet sie der Frage „Was ist normal?" ein ganzes Kapitel. Intensive Menschen entsprächen nun einmal nicht der Norm, ihre große Wissbegierde, ihre breitgefächerten Interessen, ihre Entscheidungsschwäche, Desorganisiertheit oder auch psychomotorische Erregbarkeit würden vielfach als „zu viel", „zu exzessiv" erlebt.

Sensitivität sei keine Krankheit; im klinischen Kontext, insbesondere in der Psychiatrie, komme es hier immer wieder zu Fehldiagnosen. So würden starke Gefühle „als bipolare Störung missverstanden" oder extreme Stimmungsschwankungen als Borderlinepersönlichkeitsstörung interpretiert. Besonders interessant sind die Ausführungen zum Thema „Was es bedeutet, anders zu sein".

Viele emotionale Verletzungen ortet Imi Lo bereits in der Herkunftsfamilie, solche Kinder überforderten vielfach die Eltern, sie würden zum Sündenbock oder es komme zur Rollenumkehr, was toxische Scham- und Schuldgefühle erzeuge. Die Folgen seien ein mangelndes Selbstwertgefühl sowie überbordende Selbstkritik. Wie eine gute Persönlichkeitsentwicklung aussehen kann, zeigt die Autorin anhand bewährter Übungen aus Trauma- und Achtsamkeitstherapie.

Auch wenn manche Begriffe etwas ungewöhnlich anmuten – so wird etwa der Begriff Begabung in neuer Weise verwendet –, bietet das Buch eine brillante Analyse innerpsychischer Prozesse. Souverän führt Imi Lo durch den Dschungel der Gefühle sensitiver Menschen mit vielen anregenden Fragestellungen und Übungen. Ein Buch, das Betroffene mit großem Gewinn lesen werden. *Mathilde Fischer*

Kathrin Sohst: Wer stärker fühlt, hat mehr vom Leben. Warum Sensibilität eine verborgene Kraft ist und wie sie uns die Welt eröffnet. Dtv, München 2020, 254 S., € 16,90

Imi Lo: Sensibilität und emotionale Intensität. Wie man als hochsensibler Mensch mit intensiven Gefühlen umgeht. Aus dem Englischen von Renate Weitbrecht. Junfermann, Paderborn 2020, 232 S., € 26,–

Leseprobe in der App

Die Psychotherapeutin ist noch mit den Problemen eines anderen Menschen beschäftigt, der kleine Wartebereich gehört bereits dem nächsten Patienten. Jede Woche mit dabei: ein frischer Blumenstrauß. *Therapy Flowers* versammelt 60 Fotografien von den Blumensträußen und Gestecken, die die Kölner Literaturwissenschaftlerin Michaela Predeick über einen Zeitraum von zwei Jahren im Warte-

zimmer ihrer Psychotherapeutin aufgenommen hat. Die Blumen kann man verstehen als „tröstende Geste für die Kranken, die sich hier die Klinke in die Hand geben; ironisch gewendet stehen sie für den bunten Strauß an Problemen, mit denen man bei der Therapeutin aufschlägt". Musikalischen Zusatzwert in Form von Electronic Listening der anspruchsvolleren Sorte bietet die beiliegende Musik-CD in Kooperation mit Kame House (Strzelecki Books, € 32,–).

Einen depressiv erkrankten Menschen zu begleiten ist keine leichte Aufgabe: Einerseits Verständnis aufbringen und sich andererseits abgrenzen, um die eigene Kraft zu erhalten, ist ein Balanceakt. Der Ratgeber *Depression. Das Richtige tun* (Stiftung Warentest, € 19,90) von Christine Hutterer und Christine Rummel-Kluge richtet sich an Angehörige und Freunde, die die Krankheit verstehen und einen Weg ins Gespräch finden wollen. Wie kann man den depressiv erkrankten Menschen durch die Therapie begleiten? Wie kann man ihm im Alltag helfen? Und was kann man tun, um die Grenzen der eigenen Verantwortung und Möglichkeiten zu erkennen? Die beiden Autorinnen haben auch einige „Sätze, die nicht helfen" gesammelt, etwa: „Ich lass dich dann besser in Ruhe, ich kann dir ja eh nicht helfen." Möglicherweise verhindert das geringe Selbstwertgefühl, dass die erkrankte Person Einspruch erhebt. „Dabei hat sie große Angst, allein zu sein, und braucht jemanden, der einfach dableibt, auch wenn er nichts machen kann", geben die Autorinnen zu bedenken.

Wie wollen wir im Alter wohnen? Im Altenheim oder in der Singlewohnung? Die Journalistinnen Christiane Hastrich und Barbara Lueg finden beides nicht wirklich attraktiv und machten sich auf die Suche nach alternativen Wohnmöglichkeiten im Alter: Sie besuchten ein Mehrgenerationenhaus, bauten ihr Zelt bei Dauercampern auf, schauten sich in einer Bauernhof-WG, einem Tinyhouse und einem Ökodorf in der Schweiz um. Für ihr Buch *Statt einsam gemeinsam* (Eisele, € 20,–) fragten sie Manfred Spitzer, wie man Einsamkeit im Alter vorbeugen kann, und sprachen mit Bremens Ex-Bürgermeister Henning Scherf über seine Erfahrungen in einer Alten-WG. Von dem Sportmediziner Martin Halle erfuhren sie, warum Bewegung mit zunehmendem Alter so wichtig ist, von Cornelius Steeger ließen sie sich die Vorzüge einer Seniorenresidenz in Thailand erklären.

Mutige Selbstentblößung

Tilmann Moser beschreibt, wie es sich aus Therapeutensicht anfühlt, wenn Patientinnen oder Patienten die Behandlung abbrechen

Wenn eine psychodynamisch orientierte Therapie gelingen soll, gibt es keine Expertenwahrheit, der sich ein Laie unterwirft, sondern nur die gemeinsame Suche nach der Wahrheit über einen Prozess, in dem bisherige Beziehungserfahrungen reflektiert und im günstigen Fall korrigiert werden. Das führt dazu, dass Therapeutinnen und Therapeuten auf Kommunikation angewiesen sind. Wenn diese abreißt, bleiben sie mit Gefühlen des Scheiterns und kränkender Entwertung ihrer Arbeit zurück. In seinem jüngsten Buch *Zuversicht und Resignation. Vom Umgang mit bedrohten Psychotherapien* beschäftigt sich der Freiburger Psychoanalytiker und Körpertherapeut Tilmann Moser mit eben dieser Situation.

Älteren Lesern ist Moser durch seinen Bestseller von 1974 *Lehrjahre auf der Couch* bekannt – einem großen Werk reflektierter Selbstentblößung, zu dem damals Gerhard Mauz im *Spiegel* schrieb: „Indem Tilmann Moser Einblick in seine kapitale, ihn fast zum Selbstmord treibende Neurose gibt, zu der er durch die psychoanalytische Behandlung und Lehranalyse in ein neues, fruchtbares Verhältnis gelangte, macht er dem Leser einen verzweifelten inneren Zustand zugänglich, in dem sich viele befinden, ohne dass sie es wagen könnten, sich ihren Zustand einzugestehen."

Etwas von jenem Mut zur Selbstentblößung findet sich auch in diesem über 46 Jahre später verfassten Text. Moser distanziert sich von der damaligen Idealisierung seines Lehranalytikers. Inzwischen arbeitet er mit einer weitgefächerten Kombination analytischer, psychodramatischer und körpertherapeutischer Verfahren. Was den Leserkreis einschränkt: Wer nicht selbst als Therapeutin oder Therapeut tätig ist, wird – anders als bei *Lehrjahre auf der Couch* – die Überlegungen des Autors

schwerlich nachvollziehen können. Ein Textbeispiel: „Da eine intensive, in der Regression verabreichte Körperintervention auch den Analytiker in eine tiefere Beziehung führt, ist so ein Abbruch auch eine Kränkung für ihn und bedarf einer längeren Ausheilung des Gefühls eines möglichen schweren Fehlers."

Moser sammelt Fallvignetten, die in den letzten Jahrzehnten entstanden sind. Es sind sehr heterogene Texte, ergänzt durch Zitate aus Briefen, dann wieder aus Therapieanträgen. Sie vermitteln Einblicke in die Praxis eines engagierten Therapeuten, der sich auf die Seite seiner Patientinnen stellt, überzeugt, dass die Substanz der Psychotherapie über die intellektuelle Einsicht hinaus die (Körper)Erfahrung ist, geborgen und behütet zu sein. Oft kommen Menschen zu ihm, die schlechte Erfahrungen mit anderen Therapeuten gemacht haben; manchen kann er helfen, anderen nicht.

Dies ist ein sehr persönliches Buch. Wenn der Verlag auf dem Umschlag behauptet, Moser ordne seine Erfahrungen „in den Diskurs der psychodynamischen Psychotherapieforschung" ein, geht das an dem Text vorbei. Mosers Erfahrungen sind mehr Selbsterforschung und auch Selbstdarstellung als wissenschaftlicher Diskurs. Es lässt sich kaum verwissenschaftlichen, wenn ein inspirierter Praktiker derart bemüht ist, für jeden Patienten eine passende Behandlung neu zu erfinden.

Wolfgang Schmidbauer

Tilmann Moser: Zuversicht und Resignation. Vom Umgang mit bedrohten Psychotherapien. Brandes & Apsel, Frankfurt a. M. 2020, 163 S., € 19,90

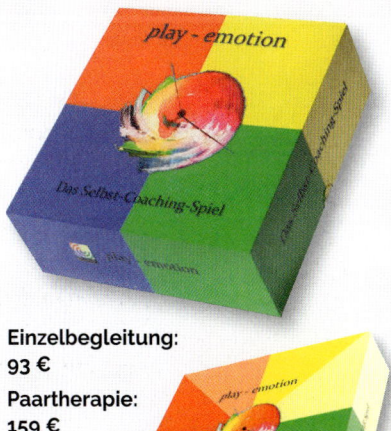

Dieses Kartenset mit 90 Bildkarten lädt ein zu einem ressourcenorientierten Blick auf die eigene Biografie. Damit können die Schätze des Lebens (wieder-)entdeckt und gewürdigt werden:

- vergangene Erfahrungen,
- erlebte Geschichten,
- soziale Beziehungen,
- Rituale im Alltag,
- Übergänge und gelungene Neubeginne.

Für den stärkenden Einsatz u.a.

- **in der Beratungspraxis:** biografisches Gestalten, begleitendes Gespräch, Coaching …
- **in der Sozialen Arbeit:** Behindertenbetreuung, Pflegeassistenz, Adoptions- und Pflegekinderhilfe …
- **in der sozialen Altenarbeit:** offene Altenarbeit, Demenzbegleitung, Hospizarbeit …

Susanne Hölzl / Birgit Lattschar (Hrsg.)
90 Impulskarten Biografiearbeit
Format: 13,3 x 17,1 x 3,2 cm, € 29,95
Bestell-Nr. 540001

Schubladendenken

Jens Försters Auseinandersetzung mit Stereotypen und Vorurteilen bleibt an der Oberfläche

Es beginnt mit tosendem Applaus. Jens Förster leitet sein Buch *Schublade auf, Schublade zu* ein, indem er den wilden Beifall nach einem seiner zahlreichen Vorträge beschreibt. Doch mit Applaus heißt es diesmal zurückhaltend zu sein: Försters Buch ist in diesem Fall eher unterhaltsam, als dass es die Forschung zu Stereotyp und Vorurteil näherbringt. Dabei verspricht der Sozialpsychologe eine wissenschaftliche Auseinandersetzung mit eben diesen beiden Phänomenen. „Es geht hier darum, den neuesten Forschungsstand in verständlicher Weise zu präsentieren", schreibt der Autor in seiner Einleitung.

Der „neueste Forschungsstand" erweist sich dann als Forschung der letzten fünfzig Jahre und bleibt knapp wie oberflächlich. Wir bekommen wissenschaftliche Definitionen der Begriffe Vorurteil, Stereotyp und Diskriminierung. Wir erfahren, dass es unbewusste und bewusste Vorurteile gibt und diese unter anderem eng mit den neuronalen Prozessen verbunden sind, die dem Menschen dabei helfen, die ihn umgebende Informationsflut zu zähmen. Auch seien Vorurteile stark mit Funktionsweisen des Gedächtnisses verknüpft: „Unser Gedächtnis speichert besonders gut Vorfälle ab, die nicht so häufig passieren oder ungut für den Menschen sind", schreibt Förster. Dadurch kann eine einmalige schlechte Erfahrung mit Menschen anderer Kulturkreise in eine generelle Ablehnung und Vorurteile münden. Doch die meisten der neuronalen Prozesse, die Förster beschreibt, sind keine Forschungserkenntnis der letzten Jahre. Die neueste Forschung, die der Autor eingangs ankündigt, findet sich hauptsächlich in den Literaturempfehlungen am Ende des Buches.

Auf eine der wichtigsten Fragen jeder demokratischen Gesellschaft – wie Vorurteile sich schmälern lassen – gibt der Verfasser enttäuschend flüchtige Antworten: Förster stellt beispielsweise Bildung und das Steigern des Selbstwertes als zwei Lösungsansätze vor. Diese Vorschläge sind nichts Neues. Das wäre im Grunde herzlich egal, würde Förster sie näher oder gar innovativ beleuchten. Doch dies bleibt uns der renommierte wie auch kritisierte Psychologe schuldig.

Jene, die sich eine tiefgründige Erörterung von Vorurteilen wünschen, werden Försters Buch schnell müde werden angesichts der Masse der Anekdoten und Namen, die der Autor seiner Leserschaft aufbürdet. Eine Seite seines Buches beginnt etwa mit einem Zitat des amerikanischen Wissenschaftlers Luther Burbank, dessen Beruf Förster unerwähnt lässt, so dass man den Botaniker fälschlicherweise als einen Psychologen interpretiert. Einige Sätze weiter geht es um Hautfarbe, abschließend auf der Seite um das Deutschland des Jahres 1871. Das Lesen von Försters Buch erinnert an einen Abend auf Social Media: Allerlei Informationen unterhalten zweifelsohne – zerstreuen jedoch die Aufmerksamkeit in alle Richtungen und verhindern eine eingehende Auseinandersetzung mit dem Thema.

Wer sich am Ende des knapp 270-seitigen Textes kritisch die Frage stellt, was er über Vorurteile gelernt hat, wird ernüchternd wenig aufzählen können. Das wird kein Problem für all jene darstellen, die Förster als Autor kennen und schätzen – oder schlicht schnelllebige und abwechslungsreiche Gesellschaftskommentare genießen. *Anna Gielas*

Jens Förster: Schublade auf, Schublade zu. Die verheerende Macht der Vorurteile. Droemer, München 2020, 269 S., € 20,–

Katharina Grünewald ist Diplompsychologin und Patchworkfamilientherapeutin. Das Glück und die Herausforderungen des Patchworklebens kennt sie aus eigener Erfahrung

Sagen Sie mal, Frau Grünewald: Wie werden Patchworkpaare glücklich?

Dass Menschen nach dem Scheitern einer Beziehung der Liebe mit einem neuen Partner, einer neuen Partnerin eine Chance geben wollen, ist verständlich. Aber wie kann ein Patchworkpaar dauerhaft glücklich werden bei so vielen Beteiligten?

Oftmals fordert die Trennung von dem Ex-Partner oder von der Ex-Partnerin noch Aufmerksamkeit, oder die Sorge um die Kinder hält einen vom unbeschwerten Einlassen auf die neue Liebe ab. Ein Rezept, wie die Liebe dennoch gelingen kann, steckt bereits im Namen. Es kommt auf das stimmige Zusammenspiel zwischen „Patch" und „Work" an. Mit „Patch" ist das zweckfreie Beisammensein gemeint, Zeit miteinander verbringen – am besten in Ruhe und Gelassenheit ohne Aufgabe und Ziel. So ist es möglich, dass die Liebenden einfach spüren, was jeder braucht, und sich „von selbst" finden. Ohne „Work" geht es allerdings nicht: Die respektvolle Auseinandersetzung über offene Fragen und Konflikte ist die Grundlage der Patchworkliebe. Hier wird daran gearbeitet, dass alle Bedürfnisse und Wünsche, aber auch Widerstände der Liebenden Platz in der Patchworkfamilie finden.

„Wenn die Liebe gelingt, gelingt auch die Patchworkfamilie", schreiben Sie in Ihrem Buch. Warum zerbricht dann fast jede zweite Patchworkfamilie?

Ich unterscheide sechs Phasen der Patchworkliebe. Auf dem Weg von der ersten energetisierenden Verliebtheit in Phase eins hin zur selbstbewussten Patchworkliebe in Phase sechs sind allerdings einige Hürden zu nehmen. Ich führe durch die Phasen und ermuntere dazu, jede bewusst wahrzunehmen und zu durchleben. Oftmals kommt nach den ersten Unstimmigkeiten in der Liebesbeziehung die Idee auf, dass alles einfacher werden würde, wenn das Paar den Alltag zusammenlegen würde. Das wäre ein Sprung von Phase zwei zu Phase fünf. Diese Abkürzung ist jedoch oftmals mitverantwortlich für die häufigen Trennungen. Die Konflikte, die ein gemeinsamer Alltag mit sich bringt, wären vermeidbar, wenn sich das Paar Zeit ließe, sich zunächst bewusst mit dem Ich und dem Du auseinanderzusetzen. Erst dann kann das Liebespaar eine tragfähige Vision für das Wir entwickeln. In meinem Buch beschreibe ich die Fallstricke, aber auch die Chancen jeder Phase sehr anschaulich an Fallbeispielen und sensibilisiere für den Umgang mit Ambivalenzen, Sehnsuchtsfallen und Konflikten.

In *The Single Girl's Guide to Marrying a Man, His Kids, and His Ex-Wife* schreibt die amerikanische Autorin Sally Bjornsen, dass man „Hornhaut ums Herz" brauche, weil die Gemeinheiten, zu denen Stiefkinder fähig sind, nicht anders auszuhalten seien. Was können Stiefeltern tun, die sich schlecht behandelt fühlen?

Ob Hornhaut das richtige Bild ist? Ich plädiere eher für Sensibilität. Denn sie eröffnet ein Verstehen. Empfindsamkeit und Empathie ermöglichen es, hinter die „Gemeinheiten" der Kinder zu blicken: Die sind oftmals Ausdruck ihres Loyalitätskonfliktes, den sie durch ihr abweisendes Verhalten zu lösen versuchen. Diese Erkenntnis eröffnet einen Ausweg aus der Kränkungsfalle und fördert eine entspannte Haltung, die es erlaubt, den Kindern und sich selbst liebevoll zu begegnen. Und je mehr Rückendeckung ich mir selbst gebe, um so großzügiger kann ich mich auch auf die anderen einlassen.

Interview: Katrin Brenner

Katharina Grünewalds Buch *Glückliche Patchworkpaare. Wie die Liebe mit neuer Familie gelingt* ist bei Beltz erschienen (222 S., € 17,95)

Von der Scham zum Stolz?

Abschied vom „Befreiungsnarrativ": Benno Gammerl zeigt, dass die Geschichte der Homosexualität nicht geradlinig verläuft

Benno Gammerl, der als Professor für Gender- und Sexualitätengeschichte am Europäischen Hochschulinstitut in Florenz wirkt und sich in Forschung und universitärer Lehre mit den Schwerpunkten Imperiengeschichte und Emotionsgeschichte beschäftigt, hat ein Sachbuch über „schwules und lesbisches Leben in der Bunderepublik" verfasst, das den Titel *anders fühlen* trägt.

„Schwule und Lesben erringen Erfolge im Kampf um Gleichberechtigung und sind gleichzeitig nach wie vor mit Ausgrenzung konfrontiert. Dieser Widerspruch charakterisiert nicht nur die Lage von männerliebenden Männern und frauenliebenden Frauen in der Bundesrepublik von 2017. Bereits die 1980er Jahre waren von solchen Ambivalenzen geprägt. […] Wenn man den Blick von der großen politischen Bühne ab- und dem Alltags- und Gefühlserleben der Einzelnen zuwendet, sieht man keine Linie, die geradewegs vom Kerker unter Adenauer zur Entfesselung unter Merkel führt."

Dies ist das Fazit, das der Autor im letzten Kapitel seiner Monografie zur Emotionsgeschichte von Lesben und Schwulen in der Bundesrepublik zieht. Anhand der Resultate von 32 mehrstündigen Interviews, die er mit gleichgeschlechtlich empfindenden Frauen und Männern aus verschiedenen Generationen geführt hat, zeigt Gammerl, dass eine Geschichtsschreibung aufgrund der rein äußerlichen Ereignisse zu kurz greift und zu einer Sicht vom Leben von Lesben und Schwulen in den vergangenen 70 Jahren führt, die der Realität nicht gerecht wird. Die soziale und rechtliche Situation ist lediglich die *eine* Seite.

Ohne Einbeziehung der emotionalen Komponente entsteht ein falsches Bild, das den Eindruck vermittelt, die Geschichte der Homosexualitäten sei eine Geschichte des kontinuierlichen

Wandels zum Positiven. Wie der Autor an einer Fülle von Beispielen überzeugend aufzeigt, wird eine solche Sicht weder der Vergangenheit, die damit oft heroisiert wird, noch der Gegenwart, die zufrieden das Angekommensein in der Normalität feiert, gerecht.

Was seine Gesprächspartnerinnen und Gesprächspartner Gammerl über ihre Gefühlswelt berichten, widerlegt die weitverbreitete Annahme von den Gegensätzen, die das Leben von Lesben und Schwulen angeblich prägen: so die vermeintlich bessere Situation in den Metropolen gegenüber den „homophoben" ländlichen Gegenden, die irrige, undifferenzierte Vorstellung „vom homofreundlichen Westen und dem homophoben Rest der Welt" sowie das nicht der Realität entsprechende „Befreiungsnarrativ", das von einem geradlinigen Fortschreiten „von der Scham in Zeiten der Unterdrückung zum Stolz in Zeiten der Emanzipation" spricht. Die Lebens- und vor allem die Emotionsgeschichte der Interviewten weist auf eine wesentlich differenziertere Situation hin, in der damals wie heute beispielsweise im Spannungsfeld zwischen Emanzipation und Normalisierung vielfältige Ambivalenzen und ein Nebeneinander von Angst und Selbstbewusstsein bestehen.

Gammerls Geschichtsschreibung, die wesentlich die Emotionalität mitberücksichtigt, führt zu völlig neuen Perspektiven, welche sowohl für die Forschung als auch für die Wahrneh-

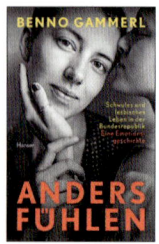

Benno Gammerl: anders fühlen. Schwules und lesbisches Leben in der Bundesrepublik. Eine Emotionsgeschichte. C. Hanser, München 2021, 415 S., € 25,–

mung der Alltagswelt von Lesben und Schwulen eine große Bereicherung darstellen. So kommt der Autor zu dem Schluss:

„Zwischen Emanzipation und Normalisierung liegen demnach nicht die sprichwörtlichen Welten, sondern entfaltet sich ein spannungsreiches Ineinander widersprüchlicher Strategien und Dynamiken. Vorsichtiges Verbergen, selbstbewusstes Provozieren und optimierendes Sicheinfügen schließen einander nicht aus – sie ergänzen sich und können sich produktiv aneinander reiben."

Anhand der von ihm erhobenen Interviewdaten von frauenbegehrenden Frauen und männerbegehrenden Männern aus verschiedenen Generationen

zeichnet Gammerl ein differenziertes und lebendiges Bild der Homosexualitätsgeschichte der Bundesrepublik. Es ist ein in jeder Hinsicht beeindruckendes Sachbuch, wobei es dem Autor gelungen ist, die Resultate der wissenschaftlichen Forschung in einer allgemeinverständlichen Form aufzubereiten und dabei wichtige Zukunftsperspektiven zu entwerfen: „Auf dem Feld der sexuellen Vielfalt gilt es – auch nach der Öffnung der Ehe für alle im Sommer 2017 –, gleichzeitig auszuweichen, aufzubrechen und anzukommen."

Udo Rauchfleisch

Udo Rauchfleisch ist emeritierter Professor für klinische Psychologie, Universität Basel, und Psychotherapeut/Psychoanalytiker in privater Praxis in Basel

Vögel im Kopf

Vögel im Kopf sind Geschichten aus dem Leben seelisch erkrankter Jugendlicher, die ihre Erlebnisse darin – neben Angehörigen, Lehrerinnen und Mitarbeitern der Jugendpsychiatrie – selbst schildern. Entstanden ist das Werk aufgrund einer Befragung der jungen Patientinnen und Patienten durch den Förderverein der Kinder- und Jugendpsychiatrie Tübingen Schirm e. V. So wurden über 60 verbürgte Lebensabläufe aufgeschrieben. Betroffene und Angehörige schildern, wie sie die psychischen Erkrankungen erlebt haben und welche Berg- und Talfahrten Familien mit erkrankten Kindern und Jugendlichen bewerkstelligen müssen. Es geht um Depressionen, Zwangshandlungen, Panikattacken, Ess- oder Magersucht, wobei es den Herausgeberinnen und Herausgebern wichtig ist, die Tabuisierung psychischer Erkrankungen aufzubrechen. Am Ende eines jeden Berichts gibt es jeweils eine kurze Biografie der Berichtenden. Psychische Erkrankungen seien etwas, das man habe, und nicht etwas, das man sei, heißt es im Nachwort. Menschen seien nicht eins mit ihrer Erkrankung und dürften nicht darauf reduziert werden. Wer ehrlich mit sich selbst ist, wird feststellen, in der persönlichen Umgebung von ähnlichen Geschichten schon gehört, sie vielleicht selbst durchlebt zu haben. Mit diesem

Band gelingt es, die Leiden der Heranwachsenden öffentlich zu machen, um ihnen auf diese Weise eine wichtige Stimme und Gehör zu verschaffen.

Silvia Friedrich

Bernd Gomeringer, Jessica Sänger, Ulrike Sünkel (Hg.): Vögel im Kopf. Geschichten aus dem Leben seelisch erkrankter Jugendlicher. S. Hirzel, Stuttgart 2020, 320 S., € 24,–

Kartenset
Gans sein

23 sehr liebevoll gestaltete Impulskarten für die Therapie, das Coaching oder die Selbstpflege liefern positive Inspirationen für den Alltag. Die Kunsttherapeutin Dina Rautenberg stellt auf je-

dem Motiv eine Gans in den Mittelpunkt. Die Bilder stehen für Handlungen wie Nähe spüren, sich dem eigenen Ich zuwenden oder für sich sorgen.

Dina Rautenberg: Gans sein. Kartenset, € 27,–
Bezug über https://dinaeht.de/einkaufsladen

Film
Ein Blick ins Ich

Wie fühlt sich das an? Eine einfache Frage, die sich bei psychischen Phänomenen allerdings oft gar nicht so leicht beantworten lässt. Für vier Erkrankungen und Themen nimmt sich eine Minireihe des Fernsehsenders *Arte* nun dieser Herausforderung an.

Die Dokumentarfilme widmen sich den Themen Angst und ADHS, Liebe und Resilienz. Das hat zwar auf den ersten und auch auf den zweiten Blick nicht viel miteinander zu tun; als Klammer nutzen die Autorinnen Marie Villetelle und Antje Behr sowie Autor Kristof Kannegiesser jedoch ihren zurückhaltenden Ansatz. Sie stellen Menschen in den Mittelpunkt und lassen sie sprechen.

Jede Episode dauert etwa 30 Minuten. Frithjof Esch lernen wir in der Folge *Psycho. Ich, (un)aufmerksam* kennen. In ruhigen, empathisch gefilmten Bildern spricht der Mittdreißiger über sein Leben mit dem Aufmerksamkeitsdefizitsyndrom ADHS. Der Hamburger beschreibt, wie ADHS ihn in Selbstzweifel gestürzt hat: „Warum klappt das alles nicht, warum komme ich nicht voran im Leben?", fragt er sich und natürlich: „Wieso gebe ich immer wieder auf?" Versöhnlich sagt er aber: Gäbe es eine Pille, die seine Andersartigkeit aufheben könnte, er würde sie nicht nehmen.

Zwar räumen die Dokumentarfilme Menschen, die über psychische Phänomene aus eigener Erfahrung sprechen, den mit Abstand meisten Raum ein. Einordnend kommen jedoch immer wieder Therapeutinnen und Wissenschaftler zu Wort, die Konzepte und Hintergründe erläutern.

Die vier Folgen sind bis Oktober 2025 in der *Arte*-Mediathek zugänglich:
arte.tv/de/videos/096295-000-A/psycho

Hörbuch
Freud in Briefen

Sigmund Freud prägte nicht nur die Psychoanalyse, sondern das gesamte 20. Jahrhundert. Für alle, die wissen wollen, was ihn beschäftigte, bietet das Hörbuch *Briefe und Selbstzeugnisse* eine ergiebige Quelle. Die von Paul Hoffmann gelesenen Dokumente geben Einblicke in das

Privatleben des Denkers. Sie ergänzen Freuds analytische Veröffentlichungen und umfassen einen Zeitraum vom Schulabschluss bis zu seinen letzten Lebensjahren.

Sigmund Freud: Briefe und Selbstzeugnisse. Lesung von Paul Hoffmann. 1 MP3-CD, Laufzeit 76 Minuten. DAV 2021, € 10,–

Instagram
Gegen das Stigma „psychisch krank"

Mehr als 25 000 Menschen folgen dem Instagram-Kanal *erklaerungsnot*. Auf ihm wirbt die Psychologiestudentin Dinah-Kristin Berger um Verständnis und Mitgefühl für Menschen mit einer psychischen Erkrankung. Zu häufig müssten diese sich gegen falsche Vorurteile wehren und befänden sich nicht selten in Erklärungsnot.

instagram.com/erklaerungsnot

Rat und Lebenshilfe

Peter Beer
Meditation. Stress und Ängste loswerden und endlich den Geist beruhigen. Mit Meditationen zum Audio-Download. Arkana, 256 S., € 17,–

Tom Diesbrock
Lass mal locker. Vom klugen Umgang mit dem kleinen Perfektionisten in unserem Kopf. Patmos, 144 S., € 16,–

Heidi Anicic
Leben ohne Dich – nur wie? Hilfe zur Selbsthilfe bei Verlust und Trauer. Ellert & Richter, 144 S., € 14,95

Katrin Thomas
(M)eine kreative Kurzzeittherapie. Ein Selbsthilfe-, Entdeckungs- und Erfahrungsbuch. Ibidem, 148 S., € 19,90

Carlo Leget
Der innere Raum. Wie wir erfüllt leben und gut sterben können. Patmos, 256 S., € 24,–

Holger Kuntze
Das Leben ist einfach, wenn du verstehst, warum es so schwierig ist. Persönliche Krisen überwinden, innere Freiheit gewinnen. Kösel, 288 S., € 18,–

Eva Wlodarek
Nimm dir die Freiheit, du selbst zu sein. So entfalten Frauen ihr wahres Potenzial. Mit Test und 100 Fragen zum Ich. Dtv, 224 S., € 16,90

Melanie Pignitter
Federleicht. Wie du loslässt und ein befreites und erfülltes Leben führst. Goldegg, 200 S., € 19,95

Andi Weiss, Martina Weiss
Vergiss nicht deine Flügel! Impulse, die dir helfen, mitten in der Krise über dich hinauszuwachsen. Andi Weiss, 118 S., € 13,95

Helmut Schaaf
Hilfe bei Schwindel. Gleichgewichtsstörungen erkennen und verstehen. Mabuse, 134 S., € 16,95

Psychische Gesundheit

Dietmar Hansch
Panik und Platzangst selbst bewältigen. Das Praxisbuch. Knaur. 272 S., € 18,–

Jennifer Wrona
Konfettiregen im Kopf. Leben mit Borderline. Wie es sich anfühlt. Wie man damit umgeht. Was wirklich hilft. Trias, 172 S., € 19,99

Riccardo Bonfranchi
Nachtwind und B. Schweizer Literaturgesellschaft, 370 S., € 20,50

Elise Wagner Hirschberg
Ein Leben voller Zwänge und Scham. Auswirkungen von Familiengeheimnissen. Josef Wagner, 208 S., € 18,50

Denken, Fühlen, Handeln

Eckhart Wunderle
Bewusstseinswandel für die neue Zeit. Novum, 368 S., € 20,30

Peter Seiler
Großhirn setzen: Note 6. Wir lernen erst laufen und verlieben uns dann – das Großhirn weiß warum. GHV, 219 S., € 14,99

Claudia Schneider
Was wir über Bewusstsein wissen sollten. Kommode, 440 S., € 28,–

Gabriel Palacios
Lass sie doch reden! Wie dir egal wird, was andere von dir denken. Allegria, 176 S., € 18,–

Serge K. D. Sulz
Mit Gefühlen umgehen. Praxis der Emotionsregulation in der Psychotherapie. Psychosozial, 295 S., € 32,90

Axel Schlote
Die beiden Grundprobleme der Philosophie: die Welt verstehen und ertragen. Zwei Bücher für wenige und alle, die es wissen wollen. Königshausen & Neumann, 540 S., € 39,80

Christina Spaetgens
Hoch gesetzt – sensibel gewonnen. Bis ans Ende der Welt und hochsensibel zurück. BoD, 272 S., € 16,–

Hitoshi Nagai
Penetre und ich. Philosophie für ein glückliches Leben. Übersetzt und mit einem Vorwort von Abt Muho. Berlin, 176 S., € 18,–

Partnerschaft und Sexualität

Meike Stoverock
Female Choice. Vom Anfang und Ende der männlichen Zivilisation. Tropen, 352 S., € 22,–

Laura Backes, Margherita Bettoni
Alle drei Tage. Warum Männer Frauen töten und was wir dagegen tun müssen. DVA, 208 S., € 20,–

Beatrix Roidinger, Barbara Zuschnig
Sexpositiv. Intimität und Beziehung neu verhandelt. Goldegg, 200 S., € 22,–

Monika Röder
Der kleine Eheretter. Ein einfaches 3-Schritte-Programm für Paare. Carl-Auer, 141 S., € 19,95

Kinder und Familie

Marshall B. Rosenberg
Voneinander lernen. Erziehung mit der GFK. Junfermann, 60 S., € 12,–

Jürgen Grieser
Der phantasierte Vater. Zur Entstehung und Funktion des Vaterbildes beim Sohn. Brandes & Apsel, 288 S., € 29,90

Anna Wilken mit Saskia Hirschberg
Na, wann ist es denn so weit? Kinderwunsch sieht bei jedem anders aus: Emotionen, Ursachen, Behandlungsmöglichkeiten. ZS, 240 S., € 18,99

Verena Carl
Eltern sein, Paar bleiben. Besserer Austausch, mehr Selbstfürsorge, weniger Stress. Dorling Kindersley, 164 S., € 16,95

Michaela Frölich
Familiengeschichte schreiben für Dummies. Das eigene Leben bilanzieren und verarbeiten. Erinnerungen aufschreiben und weitergeben. Das Manuskript für die Leser aufbereiten. Wiley-VCH, 300 S., € 17,–

Schule und Bildung

Birte Friedrichs, Nikola Poitzmann
Kartenset Demokratiepädagogik für Jugendliche. Partizipativ, konfliktfähig und kreativ. Mit 12-seitigem Booklet. Beltz, € 39,95

Armin Castello, Gunnar Brodersen
Unterricht und Förderung bei Depressionen. Psychologisches Wissen für Lehrkräfte. Hogrefe, 143 S., € 22,95

Arbeit und Beruf

Michael Franz, Sara Lucke
Borderline-Störung. Krisenintervention und störungsspezifische Behandlung. Hogrefe, 168 S., € 24,95

David Goodhart
Kopf, Hand, Herz. Das neue Ringen um Status. Warum Handwerks- und Pflegeberufe mehr Gewicht brauchen. Penguin, 400 S., € 22,–

Reinhard Pietrowsky
Träume in der Kognitiven Verhaltenstherapie. Ein Praxisleitfaden. Hogrefe, 179 S., € 29,95

Doris Märtin
Exzellenz. Wissen Sie eigentlich was in Ihnen steckt? Campus, 320 S., € 24,95

Robert Kachler
Traumatische Verluste. Hypnosystemische Beratung und Therapie von traumatisierten Trauernden. Ein Leitfaden für die Praxis. Carl-Auer, 212 S., € 29,95

Kultur und Gesellschaft

Joachim Köhler
Verloren im Cyberspace. Auf dem Weg zur posthumanen Gesellschaft. Evangelische Verlagsanstalt, 368 S., € 22,–

Erhard Doubrawa (Hg.)
Verbunden trotz Abstand. Von Gipfelerlebnissen und mystischen Erfahrungen. Beiträge von Abraham H. Maslow und David Steindl-Rast. BoD, 104 S., € 9,80

Judith Vanistendael
Penelopes zwei Leben. Graphic Novel. Reprodukt, 176 S., € 20,–

Leben lassen. Fotografien von Anna-Lisa Lange und Johannes Wosilat, Texte von Patricia Leßnerkraus. 168 S., € 39,–

Letizia Dieckmann
Vergessen erzählen. Demenzdarstellungen der deutschsprachigen Gegenwartsliteratur. Transcript, 260 S., € 39,–

Lisa Kötter
Schweigen war gestern. Maria 2.0 – Der Aufstand der Frauen in der katholischen Kirche. Bene! 160 S., € 14,–

Thomas Hübl
Kollektives Trauma heilen. Persönliche und globale Krisen verstehen und als Chance nutzen. Irsiana, 352 S., € 22,–

Ina Schmidt
Die Kraft der Verantwortung. Über eine Haltung mit Zukunft. Edition Körber, 220 S., € 20,–

Bettina Weiguny
Denn es ist unsere Zukunft. Junge Rebellinnen verändern die Welt – von Greta Thunberg bis Emma Gonzáles. Rowohlt, 251 S., € 16,–

„Schon lange habe ich darauf gewartet, dass auch Psychologie Heute in der Sprache die weibliche Form miteinbezieht. Umso mehr freue ich mich, dass Sie diesen Schritt jetzt getan haben"

Dr. Brigitte Gassner-Heller, Psychologin und Psychotherapeutin, Wien

Die Sprache beeinflusst das Denken

Seit Heft 1/2021 haben wir unseren sprachlichen Umgang mit dem grammatischen Geschlecht neu geregelt

Schon lange habe ich darauf gewartet, dass auch *Psychologie Heute* in der Sprache die weibliche Form miteinbezieht. Umso mehr freue ich mich, dass Sie diesen Schritt jetzt getan haben.

Wie alle inzwischen wissen, beeinflusst die Sprache das Denken und umgekehrt. Mit dem Begriff „Psychologe" fühle ich mich als Psychologin nicht angesprochen. Abwechselnd die weibliche und die männliche Form zu verwenden, gefällt mir, da diese Schreibweise einfach zu lesen ist. Aber bitte achtgeben, dass der Schlüssel wirklich circa 50 zu 50 ist und das Vorhaben nicht unbemerkt verlorengeht. Herzlichen Dank für diesen Schritt!

Dr. Brigitte Gassner-Heller, Psychologin/Psychotherapeutin, Wien

Mich stört der neu etablierte Sprachstil enorm. Ich bin froh, dass kein Genderstern zum Tragen kommt und nicht zu jeder Form des generischen Maskulinums auch eine gezielte weibliche Wortendung vorkommt, dies würde den Lesefluss nur erheblich stören und bietet meiner Ansicht nach keinen informativen Mehrwert für mich, der sich sachliche Berichte wünscht. Jedoch empfinde ich auch die aktuelle Lösung als unpassend, da ich oftmals mitten im Text pausieren muss, um im Kontext zu prüfen, ob nun tatsächlich ein Mann oder eine Frau gemeint ist, welche im Text genannt wird, oder aber ob dies ein Ersatz für das generische Maskulinum ist.

Aufgrund dessen würde ich es begrüßen, wenn dieses „Experiment" in absehbarer Zeit wieder beendet wird.

Marvin Seegers, per E-Mail

Falsche Erinnerungen

Wer hat's gesagt? Zum Thema Gedächtnis. Freud & Leid, Heft 2/2021

Ich möchte Sie sensibilisieren, wem sie (auch indirekt) ihre Stimme leihen. Elizabeth Loftus als Expertin für falsche Erinnerungen zu bezeichnen sieht erst einmal sehr harmlos aus. Leider hat ihre oft sehr aggressive und medienwirksame Arbeit nicht nur unrühmliche Auswirkungen auf die Glaubwürdigkeitsdebatten, denen sich Opfer sexueller Gewalt bis heute ausgesetzt sehen. Sie sorgt auch dafür, dass eine Strafverfolgung der Täter bis heute deutlich erschwert wird. („Es könnte ja sein, dass die Erlebnisse in der Therapie eingeredet wurden …") Die zugrundeliegenden „Mall-Experimente" waren nicht nur unethisch, sondern halten einer wissenschaftlichen Methodenkritik nicht stand (nachzulesen bei Ralf Vogt [Hg.]: *Das traumatisierte Gedächtnis – Schutz und Widerstand*, 2018). Es wundert mich allerdings noch viel mehr, dass sie diese Frau hier zitieren und nicht etwa eine Gedächtnisforscher:In, die Therapeut:Innen nicht diskreditiert und ihnen das „Einpflanzen falscher Erinnerungen" unterstellt und somit die auch so schon sehr anspruchsvolle Arbeit mit Überlebenden von traumatisierender Gewalt zusätzlich erschwert. Ich wünsche mir von Ihnen eine tiefere Auseinandersetzung mit diesem Thema.

Katrin Berg, per E-Mail

„Geniales Cover"

In unserer Titelgeschichte ging Jochen Paulus der Frage nach, wie man der Hoffnungslosigkeit begegnen und wieder Zuversicht wecken kann. „Wege aus der Depression". Heft 3/2021

Langfristig beikommen wird man „der Depression" wohl nur durch interdisziplinäre Zusammenarbeit von Diplompsychologen, Medizinern und möglicherweise Sozialarbeitern. Das erfordert jedoch ein Umdenken der ärztlichen Standesvertreter und eine dem öffentlichen Interesse entsprechende eindeutige Stellungnahme des Bundesministeriums für Gesundheit zur heilkundlichen Tätigkeit von Diplompsychologen. *Dr. Peter Hawe,* Weinheim

Das beste Titelbild, das ich in den letzten Jahrzehnten gesehen habe. Einfach genial! *Rainer Ruess*, Konstanz

Moralische Orientierungen

Der Moralpsychologe Georg Lind monierte unsere Demokratiefähigkeit. „Georg Lind stört: ‚Demokratiekompetenz liegt brach'". Heft 2/2021

Der Aussage von Georg Lind kann man zustimmen! Allerdings wäre es „demokratisch", der Autor würde jene „sechs verschiedenen moralischen Orientierungen" auch benennen: bitte nachliefern! *Brigitte Martin*, Ravensburg

Anmerkung der Redaktion:

Die sechs Typen der moralischen Orientierung nach Lawrence Kohlberg reichen vom Motiv, eigene (körperliche) Schäden und Verletzungen („Strafe") zu vermeiden (Typ 1), bis hin zum Motiv, die Würde jedes einzelnen Menschen zu achten und sein Handeln an den universellen Prinzipien der Gerechtigkeit, Vernunft und Logik zu messen (Typ 6). Weiterführende Lektüre: Georg Lind: *Moral ist lehrbar* (Logos 2019)

Joan Miró
Original-Graphiken

Joan Miró (1893–1983)
O.T. (Le Chiffre), 1977

Werkverzeichnis 1116. Original-Farblithographie auf Gouarro-Papier, 33 x 25 cm, von Miró direkt auf den Druckstein gezeichnet. Geschaffen für "Litógrafo III", Editeur: Polígrafa, Barcelona. Säurefreies Passepartout, 2 cm Holzleiste mit Silberfolienauflage: 50 x 40 cm. WVZ-Auszug, Zertifikat.

*mit Rahmen: **550 Euro***
*nur Passepartout: **395 Euro***

Joan Miró (1893–1983)
O.T. (Eule in der Nacht), 1972

Werkverzeichnis 858. Original-Farblithographie auf Kupferdruckbütten, 33 x 25 cm, von Miró direkt auf den Druckstein gezeichnet. Geschaffen für „Litografo II", Editeur: Polígrafa, Barcelona. Säurefreies Passepartout, 2 cm Holzleiste mit Silberfolienauflage: 50 x 40 cm. WVZ-Auszug, Zertifikat.

*mit Rahmen: **550 Euro***
*nur Passepartout: **395 Euro***

5 % Rabatt bei Bestellung von 2 Grafiken

Bitte einsenden an: PSYCHOLOGIE HEUTE, Verlagsgruppe Beltz, Claudia Klinger, Werderstr. 10, 69469 Weinheim

Ja, ich bestelle mit 14-tägigem Rückgaberecht

| Joan Miró, Le Chiffre | ☐ ungerahmt 395 € | ☐ gerahmt 550 € |
| Joan Miró, Eule in der Nacht | ☐ ungerahmt 395 € | ☐ gerahmt 550 € |

Titel_Vorname_Name

Straße_PLZ_Ort

Telefon_Email

Datum_Unterschrift

Angebot freibleibend. Versand/Faktura der Grafik über ARTEVIVA. Jeweils zzgl. 15 Euro Speditionskosten innerhalb Deutschlands. Zahlbar innerhalb 14 Tagen nach Rechnungserhalt. Eigentumsvor-behalt bis zur vollständigen Bezahlung. Psychologie Heute tritt lediglich als Vermittler auf.

PSYCHOLOGIE HEUTE

Telefon: 06201 / 6007-386 · Internet: www.beltz.de · Email: c.klinger@beltz.de

Mit Sport und gesunder Ernährung zu mehr seelischer Ausgeglichenheit und körperlicher Leistungsfähigkeit

Körper und Psyche – ein Wechselspiel, das zwei gesunde Partner erfordert

Tatsächlich wird beim Menschen auch heute noch oft zwischen Körper und Psyche unterschieden. Doch schon in der Antike wusste man, dass das Wechselspiel zwischen beidem äußerst wichtig ist. Wenn der Körper leidet, dann überträgt sich das auch aufs seelische Wohlbefinden und umgekehrt. Eine regelmäßige Bewegung und die Steigerung von körperlicher Fitness werden bei vielen psychischen Erkrankungen erfolgreich therapeutisch eingesetzt. Auch das Thema Ernährung spielt dabei eine wichtige Rolle. „Der Mensch ist, was er isst" – das wusste bereits der Philosoph Ludwig Feuerbach.

Ernährung prägt die körperliche Leistungsfähigkeit und hat Einfluss auf die Gefühlswelt

Auch die Wissenschaft beschäftigt sich seit Jahren mit dem Thema Ernährung und deren Auswirkungen auf Körper und Geist. Wissenschaftler raten beispielsweise bei der Entstehung von depressiven Erkrankungen unter anderem zu einem hohen Anteil an ungesättigten Omega-3-Fettsäuren. Die Ernährung kann hier positiv unterstützen beispielsweise durch die bewusste Verwendung bester Rapsöle oder auch durch den Einsatz von hochwertigem Leindotteröl, das besonders reich ist an wertvollen Omega-3-Fettsäuren ist. Außerdem ist der Verzehr von Fisch und die Reduktion von rotem Fleisch auf dem täglichen Speiseplan hilfreich.

Profi-Sportler Erik Lesser setzt auf eine abgestimmte Ernährung mit Produkten von Egle!

Für Biathlon-Doppel-Weltmeister Erik Lesser ist täglicher Sport, körperliche Fitness und seelische Ausgeglichenheit nicht nur Lebensinhalt, sondern auch Beruf. Er weiß jedoch auch, welche Rolle die richtige Ernährung für das Wohlbefinden des Körpers spielt. Als Biathlet muss er nicht nur auf Ausdauer und Kondition achten, sondern genauso präzise und konzentriert agieren, wenn es in die Disziplin Zielschießen geht. Genau diese Mischung aus körperlicher und mentaler Anforderung treibt ihn dazu, den Körper und die Psyche gleichermaßen mit den wertvollsten Nährstoffen zu versorgen. "Vor allem beim Frühstück ist es in der Wettkampfzeit oft sehr einseitig", erzählt Erik Lesser. Deshalb hat die Egle GmbH gemeinsam mit dem Top-Athleten ein Bio Vollkornmüsli entwickelt.

Das ‚Fit-in-den-Tag-Müsli' von Erik Lesser und Egle

In diesem köstlichen Bio-Vollkornmüsli wurden verschiedene wertvolle Parameter zusammengeführt. Es besteht aus vielen Vollkorn-Haferflocken, fruchtigen Cranberries, Himbeeren, knackigen Kokoschips und Cashew-Kernen. Die kernigen Vollkorn-Haferflocken sind hier die Grundlage für die langanhaltende und gleichmäßige Versorgung des Körpers mit Energie. Cashewkerne enthalten hochwertiges Fett und Eiweiß. Für den fruchtigen Geschmack sorgen feine Cranberries und Himbeeren. Das ‚Fit-in-den-Tag-Müsli' wurde zudem mit Agavendicksaft und Trockenfrüchten gesüßt und enthält deshalb 63% weniger Zucker als andere Müslis. „Mit dieser Grundlage lässt es sich gut und mit viel Energie in den neuen Tag starten", so Lesser über seine Müsli-Kreation.

Selbst kochen und achtsam essen mit Produkten von Egle

Gute und gesunde Ernährung kann so viel Positives im Körper bewirken. So weiß man, dass selber kochen bereits oft zu einer bewussteren Wahrnehmung von Nahrung führt. Beim Einkaufen sollte man auf Bio-Lebensmittel und auf regionale Produkte setzen. Auf diese Weise weiß man sehr genau, was man isst und kann herausfinden, welche Lebensmittel dem eigenen Körper guttun und welche nicht. Auch der achtsame Genuss der selbst zubereiteten Mahlzeit kann deutlich zum körperlichen und seelischen Wohlbefinden beitragen. Hier raten Ernährungswissenschaftler dazu, sein Essen ohne Ablenkung wie gleichzeitigem Fernsehen oder Arbeit zu genießen und jeden Bissen ganz bewusst wahrzunehmen. Auf diese Weise wird dem Essen wieder die Bedeutung gegeben, die es auch haben soll – nämlich die Gesundhaltung von Körper und Seele.

Die Wilhelm Egle GmbH wurde 1949 von Wilhelm Egle in Ulm gegründet. 1979 übersiedelte das Unternehmen an den heutigen Firmensitz in Pfaffenhofen. Bereits der Gründer hatte den Anspruch Lebensmittel anzubieten, die besonders wertvoll für die tägliche Ernährung sind. Egle setzt bis heute bei vielen Produkten auf Zutaten aus ökologischem Landbau oder Tierhaltung und achtet auf eine bewusste Ernährung. Ob es sich um hochwertige Öle handelt, die viele ungesättigten Fettsäuren enthalten, um Produkte mit weniger Zucker oder Gerichte mit fettarmem Bio-Fleisch - es steht stets die bewusste Ernährung im Mittelpunkt. Das Unternehmen verzichtet außerdem ganz bewusst auf Konservierungsstoffe, chemische Zusätze, synthetische Farbstoffe, den Zusatzstoff Glutamat, Nitritpökelsalz, Süßstoffe und vermeidet Raffinadezucker. Egle vertreibt seine Produkte über einen Online-Shop sowie über Kataloge. Egle setzt auf Qualität, die man schmeckt – seit über 70 Jahren!

www.egle.de

Mehr Psychologie Heute

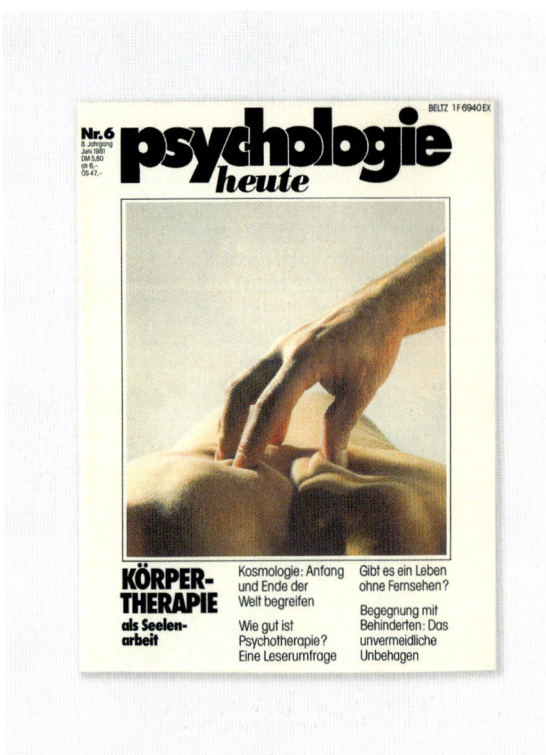

Vor 40 Jahren

„Was sind das für Menschen, die ohne Fernsehen leben (können)?", diese Frage untersuchten ein Politologe und eine Psychologin in unserer Ausgabe vom Juni 1981. Ein Vater etwa sieht durch die Geräte die Aufmerksamkeit für die Familie gefährdet, „dieses Gespür wird durch Fernsehen und Radio abgestumpft". Kritiker und Kritikerinnen sozialer Medien klingen heute ähnlich. Auch das damalige Titelthema, Körpertherapie, erinnert an die Gegenwart: Manche Psychologinnen sprechen derzeit von einer vierten Welle der Verhaltenstherapie, da diese zunehmend körperorientierte Ansätze integriert. Schon 1981 ging es um körperliche Lockerungen, die verdrängte Gefühle freisetzen sollten. Andere Aspekte der vorgestellten Methoden wie der bioenergetischen Analyse sind in unserer Zeit kaum vorstellbar. So trugen die Patienten während der Therapieübungen nur Bikinis oder Badehosen. Möglichst viel von seinem Körper zu zeigen führe dazu, dass man sich mehr einlasse, meinte Bioenergetikbegründer Alexander Lowen:

„Die Nacktheit streift die ichhaften Dünkel und manchmal auch die Abwehrmechanismen des Ich vom einzelnen Menschen ab"

Was uns tröstet

Wenn die Trauer vorbei ist, brauchen wir Trost. Der lässt sich zum Beispiel in der Natur finden, in feinem Essen, in Musik. Sinnliche Genüsse, schreibt der Philosoph Wilhelm Schmid „stellen Zusammenhänge zwischen Selbst und Welt, Selbst und anderen her". Auch Rituale lassen uns die eigene Situation überschreiten und schaffen Verbundenheit mit anderen. Schmids Essay, der verschiedene Quellen von Trost reflektiert, finden Sie in unserem aktuellen Compact-Heft *Trauer und Verlust*. Ebenso wie viele andere Interviews und Texte zum Thema.
psychologie-heute.de/compact

Facebook

Auf Facebook teilt die Redaktion Tipps für aktuelle Hörfunksendungen und Filme sowie ihre neuesten Beiträge – als Followerin können Sie darüber mit anderen diskutieren. Teilen Sie spannende Artikel und Gedanken mit Ihren Freunden!
facebook.com/
psychologie.heute

Forschung unterstützen

Weshalb ist der Unterschied zwischen dem Wissen über den Klimawandel und unserem Tun so groß? Wie hängen sexuelle Fantasien mit dem Alltag zusammen? Wie geht es Müttern und Vätern im Homeoffice? Studenten und Wissenschaftlerinnen, die diese und andere Fragen erforschen, suchen auf unserer Website Versuchsteilnehmer und -teilnehmerinnen, in der Regel für Fragebogenstudien. Wer mitmacht, unterstützt die Forschung und lernt etwas über sich selbst.
psychologie-heute.de/aktuelles/studienteilnahme

Sich von Schuldgefühlen befreien

Bedrückend, beklemmend und quälend – unter den unerwünschten Emotionen rangieren Schuldgefühle weit oben, und wir möchten sie am liebsten schnell abschütteln. Dabei können sie wichtige Signale senden: Sie weisen uns darauf hin, dass wir jemandem Schaden zugefügt haben. Oder sie mahnen uns, einmal genauer hinzuschauen, warum wir uns häufig so verantwortlich fühlen. Schuldgefühle rufen uns zu: Interessier dich für mich! Frag mich, woher ich komme! Erforsche mich! Genau das wollen wir tun in der Titelgeschichte unserer Juliausgabe.

AUSSERDEM

Wiederbelebte Freundschaften: Was geschieht, wenn man an alte Freundschaften von früher wieder anknüpft?
Sexroboter: Sie heißen Harmony und Henry, können sprechen und fühlen sich täuschend echt an. Ein Gespräch mit Maschinenethiker Oliver Bendel über Liebesmaschinen
Lügen am Arbeitsplatz: Warum wir gerade im Job häufig die Unwahrheit sagen

Bleiben Sie informiert

Verpassen Sie keine Ausgabe von *Psychologie Heute* und erfahren Sie mehr über unsere Dossiers, Veranstaltungen, die aktuelle psychologische Forschung und ausgesuchte Produkte. Der *Psychologie Heute*-Newsletter hält Sie auf dem Laufenden und bei der Anmeldung bekommen Sie als Dankeschön unser Dossier zum Thema Schreiben gratis. Abonnierbar unter
psychologie-heute.de/newsletter

**Die Juliausgabe
erscheint am 9. Juni 2021**

Was sehen Sie hier, **Andreas Brandhorst?**

Bilder erzählen Geschichten, und jede Geschichte sagt etwas aus über den Menschen, der sie erzählt. Angelehnt an einen alten projektiven Test, den TAT, zeigen wir jeden Monat einer prominenten Persönlichkeit ein Bild und bitten sie, die Szene zu deuten

Ich sehe, in der Mitte des Bootes liegend und von diesem in den Schlaf geschaukelt, einen Knaben – er träumt den Traum des Lebens. Auf dem Fluss treibt er der Zukunft entgegen. Es ist Frühling, die Strömung noch ruhig und sanft, das Leben gedeiht, der blühende Baum verheißt die Früchte des Sommers. Der Knabe träumt von der Zeit des Lernens und Reifens, von den Vorbereitungen auf den Sommer, von der Suche nach einer Freundin und Gefährtin, die ihn auf seinem Weg begleitet, vielleicht bis zum Ende, wenn er Glück hat. Noch ist die Strömung sanft und träge, das Boot gleitet ruhig dahin, wie von schützenden Händen getragen. Aber es dauert nicht lange, bis die Strömung stärker wird. Dann schaukelt das Boot und berichtet von den Wechselfällen des Lebens, von den Stolpersteinen und Hindernissen auf dem Weg durch Jahre und Jahrzehnte. Bis der Fluss das große Meer erreicht, in das alle Flüsse münden, alle Lebenswege, könnte es Stromschnellen und sogar gefährliche Wasserfälle geben, und unterwegs erwarten den Knaben nicht nur Sonne, sondern auch Regen und Sturm. Traum und Fluss flüstern ihm zu: Du musst lernen, für alles bereit zu sein und nie zu verzagen. Auch wenn es noch so lange regnet, auch wenn in Sommer, Herbst und Winter die Wolken manchmal dicht und finster sind, irgendwann gibt es wieder Sonnenschein.

Aber noch ist es nicht so weit für den Knaben. Er träumt den Frühling, den Beginn des großen Abenteuers namens Leben.

Was könnte Ihre Bildbeschreibung mit Ihnen persönlich zu tun haben?

Ich bin immer neugierig gewesen auf das Leben und die Zukunft. Auch deshalb schreibe ich Romane: um die Seele auszuloten und all die Möglichkeiten zu erforschen, die sich uns bieten. Manchmal glaube ich zu träumen und frage mich, was passiert, wenn ich erwache. ■

Andreas Brandhorst ist Autor von Science-Fiction-Romanen und Thrillern wie *Das Erwachen* und *Die Eskalation* oder der Hörbuchserie *Sleepless*. Er hat drei Jahrzehnte in Italien verbracht und ist vor wenigen Jahren nach Deutschland zurückgekehrt